I0098608

Juan de Matos Fragoso

Juan Bautista Diamante

Juan Vélez de Guevara

La Magdalena de Roma

Barcelona **2024**
Linkgua-ediciones.com

Créditos

Título original: La Magdalena de Roma.

© 2024, Red ediciones S.L.

e-mail: info@Linkgua-ediciones.com

Diseño de cubierta: Michel Mallard.

ISBN tapa dura: 978-84-1126-270-5.
ISBN rústica: 978-84-9953-231-8.
ISBN ebook: 978-84-9953-230-1.

Cualquier forma de reproducción, distribución, comunicación pública o transformación de esta obra solo puede ser realizada con la autorización de sus titulares, salvo excepción prevista por la ley. Diríjase a CEDRO (Centro Español de Derechos Reprográficos, www.cedro.org) si necesita fotocopiar, escanear o hacer copias digitales de algún fragmento de esta obra.

Sumario

Brevísima presentación

Los autores
Juan Bautista Diamante (Madrid, 1625-Madrid, 1687). España.
Hijo de un mercader de origen grecosiciliano y de madre portuguesa, estudió en Alcalá de Henares. De joven fue pendenciero y se le acusó de cometer un asesinato, pero su padre lo libró de la cárcel indemnizando a la viuda del difunto.
Diamante fue militar y caballero de la Orden de San Juan.

Luis Vélez de Guevara (Écija, Sevilla, 1579-Madrid, 1644). España.
Nació en una familia acomodada, se licenció en artes en 1595 por la Universidad de Osuna y poco después entró al servicio del cardenal-arzobispo de Sevilla.
En 1600 se fue a Italia y se alistó en la milicia del conde de Fuentes, después estuvo bajo el mando de Andrea Doria y Pedro de Toledo. Tras una corta estancia en Valladolid, vivió en Madrid y, al servicio del conde de Saldaña, se dedicó al ejercicio de la abogacía y de las letras. El cargo de ujier de cámara del rey, que consiguió en 1625, no le permitió mantener con holgura a su numerosa familia.

Juan de Matos Fragoso (Alvito, 1608-Madrid, 1689). Portugal.
Estudió filosofía y jurisprudencia en la Universidad de Évora y luego se marchó a Madrid, donde fue amigo con los principales dramaturgos de la época, en especial Juan Pérez de Montalbán. Pasó un tiempo en Italia, donde se representó alguna comedia suya en la corte del virreinato de Nápoles. Estuvo siempre bien relacionado y tuvo por mecenas a varios nobles importantes, incluso al rey Felipe IV.

Personajes

Catalina la bella
Lupercio
Rosaura, dama
Filipo, galán
Porcia, dama
Leonardo, galán
Fenisa, criada
Golondrino, criado
Santo Domingo
Un mancebo
Soleta, gracioso
Un niño que hace a Cristo
Dos ángeles
Rosendo, y peones de albañil
Una niña que hace a nuestra Señora
Músicos

Jornada primera

(Salen con mantos Catalina, Rosaura, Porcia y Fenisa.)

Catalina	Fenisa, quita a Rosaura y a Porcia aprisa los mantos.
Fenisa	Aprisita, porque están los festivos aparatos de aparadores y mesas 5 con opulencia aguardando, para que los descompongan los señores convidados.
Porcia	¡Bizarro anduvo Lupercio!
Rosaura	¡No vi valor más gallardo! 10
Catalina	Culpara yo mi elección si no lograra el aplauso de tener tantas disculpas como rendirme a su garbo.
Porcia	Muchos créditos en Roma 15 logra Lupercio.
Fenisa	Y no en bancos.
Catalina	¡Qué ligereza tan tuya! Propio achaque de criados, que solo el rico en vosotras es el mejor.
Fenisa	Y eso ¿es malo? 20

Yo quiero más a un talego
de doblones que de ochavos.

Catalina   Mi vanidad más aprecia
haberle visto arrestado
en el sangriento tumulto   25
de franceses y romanos,
que sobre las preferencias
de las carrozas trabaron
disputas por los lugares
(sin atender, enojados,   30
al respeto que se debe
tener al Sacro Palacio),
esgrimir el fino acero
mover el impulso airado
siendo ejecución cualquiera   35
movimiento de su brazo,
todo relámpago el ceño,
trueno el brioso aparato,
y finalmente ruina
el efecto reparando   40
que en estruendo, en amenaza,
en ejecución vibrados,
se vieron en su valor
trueno, relámpago y rayo;
que fue verle combatida   45
roca de vientos livianos,
bajel corpulento a lentas
ondas, muro reforzado
a tibios golpes; y en fin,
verle a cobardes asaltos   50
de desmayados estorbos
muro, bajel y peñasco.
Digno es de mi amor Lupercio,

a pesar de los contrarios
que, envidiosos de sus dichas,   55
se oponen a sus aplausos.
Yo le elegí, persuadida
de su valor, entre tantos
como osadas mariposas
en mis ojos se abrasaron;   60
solo él vive en mi memoria,
y mi espíritu bizarro
no echa menos, con él solo,
los rendidos holocaustos
de los muchos que a mi altar   65
víctimas sacrificaron.
Y no os parezca, Rosaura
y Porcia, que en esto hago
más de lo que es justo, pues
mi corazón abrasado,   70
sediento de ardientes triunfos,
se viera mal empleado
en uno de éstos —alcorza,
todo pulido y peinado,
muy sahumada la melena   75
y muy teñidos los labios
con cera y con palomina—
que aunque me han querido hartos,
me he descartado de todos,
amigas, considerando   80
que en tales hombres tuviera
mi tocador nuevos gastos.
Viva Lupercio en mí, y mueran
todos los afeminados.

Fenisa   ¡Cómo a tus ojos reñía!   85
                ¡Qué bien compraba el bellaco

| | las cuchilladas, señora,
de tus luceros rasgados! |

| Porcia | Que es valiente te confieso,
mas, Catalina, reparo
que le falta ... | 90 |

| Catalina | ¿Qué le falta?
El filis de cortesano. |

| Fenisa | Lupercio no es Argensola,
ni Lupercio es Garcilaso. |

| Catalina | Porcia, como amarme sepa,
yo no he menester letrados
para el pleito de mi amor:
él de mi está enamorado,
y para mi empleo tengo
yo con su parecer harto. | 95

100 |

| Porcia | Yo gusto de los discretos. |

| Catalina | Y yo de los alentados. |

| Porcia | Yo por eso amo a Filipo. |

| Catalina | Por eso a Lupercio amo.
¿Qué sientes, Rosaura, tú
de nuestros empleos? | 105 |

| Rosaura | Cuando
no había oído a Domingo
—este ángel disfrazado
en hombre que tantas luces |

	en sus sermones ha dado	110
	a Roma, con la devota	
	explicación del Rosario—	
	tenía elección, amigas,	
	para juzgar de estos casos;	
	pero ya ni aún albedrío	115
	sus acentos me dejaron,	
	viendo que es ocioso aquello	
	que a Dios no va encaminado.	

Catalina   Por curiosidad le oí,
                  y fue el oírle de paso   120
                  mas porque me viesen muchos,
                  adonde concurren tantos,
                  que por oírle; pues fui
                  no a pretender sus aplausos
                  sino los míos, y fueron   125
                  mis designios bien logrados,
                  pues a mí mil me miraban,
                  si a él le miraban cuatro.
                  Mas de Leonardo, Rosaura,
                  ¿qué hará tu desdén?

(Sale Leonardo.)

Leonardo   Leonardo,   130
                  bella Catalina, llega
                  a vuestros pies mejorado,
                  rindiendo por sacrificio
                  mi atención; más cortesano,
                  pues mi nombre ha merecido   135
                  que le ilustre vuestro labio.

Porcia   ¿Adónde queda Filipo?

Catalina (Aparte.) (Rosaura no le ha mirado.)

Sale Filipo.

Filipo	¿Señora?
Leonardo	Rosaura ...
Fenisa (Aparte.)	(Bueno.)
Rosaura	Ya no soy Rosaura.
Fenisa (Aparte.)	(¡Malo!)

140

Filipo

Pasé a buscar a Lupercio
por el lance que en palacio
su garbo supo vencer,
de franceses y romanos.
Y solo pudo Lupercio ...

145

(Sale Lupercio.)

Lupercio	¿Qué pudo Lupercio?
Golondrino	¡Andarlo!
Filipo	Reducir aquel tumulto.

Lupercio

Corrido de los aplausos
estoy, con que me celebran
los grandes cortesanazos.
¿Por valor se ha de tener
descalabrar cien menguados,
ni hacer correr a quinientos?

150

¡Oh, cuánto me irrito, cuánto
de que a mi garbo le injurien 155
los que conocen mi garbo!
Montones de picarones
obran siempre amontonados,
y si uno vuelve la espalda,
los demás vuelan rodando. 160
Si fueran hombres de punto,
quedar pudiera muy vano
de reñir con uno solo
y darme mucho cuidado.
De torpe plebe no admito 165
parabienes.

Golondrino   Este brazo
es el padre de las parcas,
siendo de su triunvirato
el que en aquella pendencia
fue los pícaros hilando 170
los copos de las molleras
con el huso de seis palmos.
Aspa haciendo de la daga,
los demás fui devanando,
y tijera la de Hortuño, 175
quedaron despabilados
brazos, cabezas y piernas,
corpanchones, espinazos,
haciendo una pepitoria
de aquellos vinosos gansos: 180
con que el padre de las parcas
a Golondrino llamaron.

Lupercio   ¿Cómo te fue en el sermón,
Catalina? Que asombrados

| | tiene a todos la doctrina | 185 |
| | del español. | |

Catalina	Los romanos	
	se mueven con ligereza.	
	Yo fui a oírle, y he logrado	
	el verte reñir muy bien,	
	que éste solo es mi reparo.	190

Lupercio	Que celebren otros triunfo	
	que fue en mí tan limitado,	
	aunque me admira, bien mío,	
	no debe admirarme tanto	
	como que tú le celebres,	195
	cuando tienes enseñados	
	los ojos a ver por ti	
	los furores de mi brazo	
	en los que, envidiosos, sienten	
	el favor que de ti alcanzo.	200
	Y no hablo de los muertos,	
	que ésos, aunque han sido tantos,	
	ya no pueden tener celos;	
	de los que están vivos hablo,	
	o a mi desprecio ofendidos,	205
	o a mi valor desairados.	

Catalina	Sobre tu gala, tu brío	
	da a mi vanidad aplauso.	
	Voces dentro.	

| Uno (Dentro.) | ¡Da vuelta a los asadores! | |

| Otro (Dentro.) | ¡Pon en la sopa los pavos! | 210 |

Tercero (Dentro.)	¡Ceba aprisa las garrafas!
Cuarto (Dentro.)	¡Repasemos nuestros cuartos!
Leonardo	¿Tan presto olvidas, Rosaura, las memorias de Leonardo?
Rosaura	No es olvido mi mudanza.
Fenisa	¿Y es memoria?
Rosaura	Lo contrario fuera olvido del cariño.
Lupercio	Pues ¿qué es esto?
Filipo	No lo alcanzo.
Porcia	Yo sus caprichos conozco.
Catalina	Yo sus primores extraño.
Fenisa	Puede ser que por San Juan quiera mudarse a otro cuarto.
Golondrino	[Primero al capón con barbas verán de Madrid los patios.]
Lupercio	Si Rosaura se nos muda puedes, amigo Leonardo, hacer del desdén escudo para mayores reparos.

215

220

225

Leonardo (Aparte.) (Mal te estará su desvío,
                   Lupercio, puesto que airados   230
                   mis celos, abrigan siempre
                   el rencor más obstinado
                   del amor que a Catalina
                   tuve mudo siempre. ¡Oh, cuánto
                   a mi memoria le enoja   235
                   un recuerdo tan tirano!)
                   Voces dentro.

Uno (Dentro.)   ¡Vítor, el ángel Domingo
                   de Guzmán!

Golondrino   Estos muchachos
                   con dos gritos de faroles
                   le vitorean al santo.   240

Catalina   (A Lupercio.) Ven a que ilustres las mesas.

Lupercio   Vamos, Catalina, vamos.

Catalina   ¡Lo que te quiero, Lupercio!
                   ¡Lo que me alumbran tus rayos!

(Vanse.)

Rosaura (Aparte.) (¡El cielo aliente mi afecto!)   245

Leonardo (Aparte.) (¡Más en mi rencor me abraso!)

(Vanse.)

Filipo   (A Porcia.) De tu voz solo el oído
                   logra más dulces halagos.

Porcia	Siempre en mis afectos tienen	
	muy buen lugar tus aplausos	250

(Vanse.)

Golondrino	¿En qué quedamos, Fenisa?
Fenisa	Golondrino, ¿en qué quedamos?
Golondrino	Yo en casarme los inviernos.
Fenisa	Yo, en invierno y en verano

(Vanse.)

(Córrense los bastidores, y en el foro se descubre la fábrica de un templo sin acabar, y pasarán a su tiempo por los andamios ángeles, y peones con materiales, y sale Santo Domingo de religioso.)

Domingo	Señor, de tus esposas	255
	logre yo el sacro nido;	
	tengan fragantes rosas	
	el pensil escogido	
	para que más ardientes	
	te sirvan sus purezas florecientes.	260
	Fue de mis hijos casa	
	ésta que ser procure,	
	si a tanto logro pasa,	
	venturosa clausura	
	de tus vírgenes bellas,	265
	o alcázar celestial de tus estrellas.	
	Con alta providencia	
	tu auxilio la enriquece	
	ioh sacra omnipotencia,	

cuánto a glorias florece 270
católico el desvelo
que fabrica en la tierra para el Cielo!
La vocación de Sixto
tendrá siempre; no asombre
que el acento de Cristo 275
sea su dulce nombre:
mire del Sol el día
en los brazos del alba de María.
Sagrada hermosa fuente,
de tus limpios cristales 280
dilata la corriente;
logren de sus raudales
sedientas las criaturas
en copas del Rosario tus dulzuras.
No aventure cristiano 285
purificado el oro
que enriqueció tu mano;
logre el mayor tesoro,
y de su fértil mina
enriquecida mire a Catalina 290
Esta mujer profana,
que escandaliza a Roma,
siendo prisión tirana
y pirata paloma,
que las almas condena 295
con los blandos halagos de sirena;
Esta, por quien, perdida,
(Música dentro.) la juventud ociosa
desestima la vida,
y ésta, que escandalosa 300
de Dios vive olvidada,
sea de tu piedad, Virgen, llamada.
A mi ruego, Señora,

si tu favor merece,
vea la clara aurora   305
ésta a quien anochece
la sombra del pecado,
con corazón rebelde y obstinado.

(Bajan en dos sacabuches dos ángeles cantando, y en medio una niña que hace a nuestra Señora, con un arco que forme un rosario de cuentas grandes de plata, y ramilletes de rosas redondas, que hagan los padrenuestros, y arrodíllase el santo.)

Ángeles (Cantan.)   Las aves, las flores
                    al Alba saluden,   310
                    a fragancias de nácar los valles,
                    a gorjeos de pluma las cumbres.

Ángel 1.°   Domingo venturoso,
                    a tu fe no conturben
                    temores, que enriquecen   315
                    con las sombras tus luces.

Ángel 2.°   La bella Aurora siempre
                    a tus voces influye
                    con nuevos resplandores,
                    porque tu voz se ilustre.   320

Niña   Vive seguro, Domingo,
                    pues que tus voces construyen
                    de los tesoros del Cielo
                    los más soberanos lustres;
                    y porque de Catalina   325
                    tus recelos se aseguren,
                    sabe que mi amado Hijo
                    la ha de guiar con sus luces

	a su amor. Dale el rosario,	
	y espera tiempo en que ocupe	330
	bien la vida que ahora ves	
	que tan mal la distribuye.	
	Suben cantando los ángeles.	

Ángeles (Cantan.) Las aves, las flores,
al Alba saluden,
a fragancias de nácar los valles,   335
a gorjeos de pluma las cumbres.

Domingo   Favor tan soberano
¿quién le habrá merecido?
Mas ¿cuándo de tu mano
no logró el afligido   340
llenarse de consuelos?
¡Publíquenlo por mi todos los Cielos!

(Sale Soleta.)

Soleta   ¿Hay tal pedir de rosarios?
¡No vi más devota prisa!

Domingo   ¿Que dice, hermano Soleta?   345

Soleta   ¿Que quiere, padre, que diga?
Eminencias, excelencias,
obispos y señorías,
príncipes, duques, marqueses,
viejos, viejas, mozos, niñas,   350
cortesanos, labradores,
damas y dueñas arpías;
que hoy toda Roma cifrada
se mira en la portería,

	y sombra el pobre Soleta,	355
	como si fuera plantilla,	
	cargan a pedir rosarios.	
	¡Y a no valerme la cinta,	
	temí que en vez de rosario	
	no me llevasen las tripas!	360

Domingo   Diga si ha dejado alguno
                     de lograr aquesa dicha.

Soleta   Sí, padre.

Domingo   ¿Quién?

Soleta   Un bermejo,
                     que por narices traía
                     una alquitara que puede   365
                     abundar a cien boticas,
                     cuando destilen por mayo
                     cantuesos y manzanillas.

Domingo   Si volviere, dos rosarios
                     le dé luego, y su malicia   370
                     enmiende, hermano Soleta,
                     dándose tres disciplinas.

Soleta   Mejor son los canelones
                     para la cara de esquina.
                     Dentro voces.

Uno (Dentro.)   ¡No amainen!

Otro (Dentro.)   ¡Da vuelta al torno!   375

Tercero (Dentro.)	¡Tira la maroma chica!
Cuarto (Dentro.)	¡Tuerce a la mano derecha!
Quinto (Dentro.)	¡Suban aprisa la viga!

Peón 1.º   (Canta dentro.) Tira el cubo, Perico,
ola y más ola,   380
por lo más delgadillo
que rompe la soga, ola y más ola.

Soleta   ¡Lo que alegra a los peones
la miel rosada de Esquivias!

Domingo   Sin tener más fundamento   385
que el de una esperanza fija
de la fe con que te adoro,
mi Dios, mi ardiente osadía
a aumentar este convento
se atrevió; y en pocos días   390
son los socorros tan grandes,
que los fieles participan
a mi mano, que contento
espero ver concluida
la fábrica.

Uno (Dentro.)   ¡Pon el cubo!   395

Soleta   ¡Qué alegre que anda la jira
cuando ven a Fray Domingo!

Otro (Dentro.)   ¡Esa regla está torcida!
Domingo Dé un refresco a los obreros,

Soleta.

Soleta   Ya prevenidas   400
                  tengo, con sus picatostes,
                  dos arrobas de salchichas,
                  y del griego un garrafón
                  mayor que la Torrecilla.
                  Van pasando oficiales.

Peón 1.º   Ande, hermano.   405

(Con unos cubos.)

Peón 2.º   (Con la viga.) Que se mate
                  el maestro, pues que tira
                  veinte reales de jornal,
                  que yo que reviento, al día
                  solo gano cinco reales!

Peón 1.º   Mire que el padre nos mira.   410

Peón 2.º   No se mate, que por él
                  no he de aventurar mi vida.

Soleta   ¡Qué moscón es el peón
                  que lleva aquella alfarjía!

Domingo   (Al Peón 2.º)   415
                  ¿Con tan poco peso, hermano,
                  con esa pausa camina?

Peón 2.º   ¡Qué poco el padre se duele
                  de las ajenas costillas!
                  Más piedad, su reverencia,

25

	juzgaba yo que tenía,	420
	y juro ...	
Domingo	No se despeñe.	
Peón 2.°	Pues de que yo me haga astillas,	
	¿qué provecho saca, padre?	
	No he visto en todos mis días	
	sobrestante que se duela	425
	del peón que se desliza;	
	porque en cayendo, le llevan	
	volando en las angarillas	
	al hospital, y le dejan	
	sin dejarle una gallina,	430
	ni un par de huevos —aunque	
	quede el pobre hecho tortilla.	
	Y si esto sucede, padre,	
	más espacio y menos prisa,	
	que el padre, si yo me mato,	435
	no podrá darme la vida.	
(Vase.)		
Domingo	Tenga paciencia.	
Soleta	Picado	
	va el dicho peón de avispas!	
	Ruido y voces dentro.	
Peón 1.° (Dentro.)	¡El cielo se viene abajo!	
Peón 2.° (Dentro.)	¡Valedme, Virgen María!	440
Soleta	¿Qué es aquello, padre mío?	

¿Es miércoles de ceniza?

(Ruido de hundimiento grande.)

	¡Oh, qué polvo! ¡Oh, qué guijarros!	
	Y ¡qué espesas peladillas!	
	¿Si acaso a Roma Torote	445
	ha venido en romería?	
	¿En qué planta esta Soleta	
	podrá tener acogida?	
(Con miedo.)	¡Que me descalzan de abajo,	
	y me trastejan de arriba!	450

Domingo	¡Qué de luces el estrago	
	le da, Señor, a mi vista!	

(Salen dos peones.)

Peón 1.º	¡Deme albricias, padre nuestro!	

Peón 3.º	¡Padre nuestro, deme albricias!	

Soleta	Padre, a tantos padrenuestros	455
	darles puede avemarías.	

Peón 1.º	Todo el paredón se hundió	
	de aquella fábrica antigua	
	que le quitaba al convento	
	las luces del mediodía.	460

Domingo	¡Lo que no pudo vencer	
	el ruego ni la justicia,	
	venció Dios! Si ha peligrado	
	alguno, hermano, me diga.	

Peón 1.º	Solo un peón al pasar	465
	despedazado se mira.	
Domingo	¡Mucho me cuesta la obra,	
	pues que me cuesta una vida!	
	Vayan, y saquen aquí	
	al difunto.	
Peón 3.º	Si hecho harina	470
	ha quedado, ¿a qué mi padre	
	quiere que sangre y ceniza	
	le saquemos?	
Domingo	Vayan presto,	
	que mi fe no desconfía	
	de la piedad soberana	475
	de aquella Reina escogida.	
	Vaya, Soleta, con ellos.	
Soleta (Aparte.)	(¡Yo cojo grandes propinas!	
	De aquestos entierros, muchos	
	tocan a mi sacristía.)	480

(Salen todos, como levantándose de las mesas.)

Fenisa	Veamos si estamos seguros,	
	que según la cercanía	
	del convento y nuestra casa,	
	pensé que todo se hundía.	
Catalina	¿Qué habrá sido tanto estruendo?	485
Porcia	¿De qué este ruido sería?	

Lupercio	Para el informe, a los ojos el polvo ciega la vista.
Rosaura	Mas ya se ve.
Filipo	De aquel lienzo antiguo fue la ruina.	490
Leonardo	Milagro fue que tu casa se librase, Catalina.
Golondrino	¿Qué tabernero a guijarros quiso aguarnos la comida?
Fenisa	¡Las piedras como camellos por las ventanas llovían!	495
Domingo (Aparte.)	(¡Oh, mujer!)
Rosaura	Aquí está el santo.
Catalina (Aparte.)	(¡Oh, qué extraña antipatía tienen mis ojos con él! Pero ¿para qué le miran?)	500

(Sacan al peón muerto entre otros dos, y Soleta.)

Soleta	¡No tiren, poquito a poco, señores, que se hace jiras! Filipo ¡Qué espectáculo tan triste!
Rosaura	¡Cuánto el verle me lastima!

Lupercio	¡Raro destrozo hizo en el la desgracia no temida!	505
Porcia	¡Que haya quien por un jornal se aventure a esta desdicha!	
Golondrino	¡No buscara Golondrino los nidos de golondrinas!	510
Catalina	¿Todos os lastimáis?	
(Todos.)		
Todos	Catalina. ¿De qué?	
(Aparte.)		
Domingo	(¡Oh, alma endurecida, Dios te ablande!) Apartad, hijos. Señor, mi ruego os suplica humilde que en honra vuestra tenga este cadáver vida; vea esta rebelde a Vos vuestras altas maravillas, y de cuantos acompañan su vanidad distraída sea admiración aquí vuestra clemencia divina. Y tú, Rosendo, en el nombre de Dios, cuyo poder firman las obras más imposibles, vuelve otra vez a la vida: levántate, y en presencia de todos, mando que digas	515 520 525

a quién ese nuevo ser
se la debes.

(Levántase el peón.)

Peón 2.°	A María,	530
	y a su devoto Rosario,	
	que rezo todos los días;	
	que los que logran sus rosas	
	no mueren en las espinas.	
	Saca el rosario.	
	Y el Cielo, porque a Domingo,	535
	que en esta obra asistía,	
	le traté sin reverencia,	
	influyendo mi malicia	
	en los que en ella trabajan,	
	que sin cuidado le sirvan,	540
	castigó mi culpa necia.	
	Y pues del Cielo se mira	
	que de aquesta tempestad	
	aqueste iris me libra,	

(Arrodíllase, y besa el hábito del santo.)

	enmendando mis errores,	545
	ofrezco, mientras yo viva,	
	ser esclavo de este templo,	
	por ser claustro de María.	

| Filipo | ¡Extraño caso! | |

| Porcia | ¡Admirable! | |

| Fenisa | ¡Voyme a las arrepentidas! | 550 |

Rosaura	¡Salga yo de mis errores!
Leonardo (Aparte.)	(¡Más los rencores me animan!)

(Suenan dentro las guitarras.)

Catalina	Vamos a nuestros festines, pues nos llama la armonía de la música.	
Golondrino	Y dejamos a medio andar la comida.	555
Lupercio	Ven, pues se libró tu casa de este riesgo, Catalina.	

(Vase.)

Filipo	Porcia, vamos, no perdamos la música más festiva.	560
Porcia	(A Catalina.) Ven, amiga.	
Catalina	Vamos, Porcia, ¡y reine nuestra alegría!	

(Vanse Porcia y Filipo.)

| Leonardo | (A Rosaura.) Tu desdén no ha de poder
vencer a mi fe rendida. |

(Vase.)

| Rosaura | En vano, Leonardo, en vano | 565 |
| | será tu amante porfía. | |

(Vase.)

| Lupercio (Dentro.) | Mira que aguardan las mesas, | |
| | y que es tarde, Catalina. | |

Domingo	Dime antes si en tu casa	
	hallará buena acogida	570
	un religioso que quiere	
	visitarte, Catalina,	
	para proponerte un grande	
	negocio, en que estriban	
	tus mayores conveniencias.	575

Catalina	Siempre mi puerta se mira	
	abierta, pues la hallan cuantos	
	a mi vanidad altiva	
	solicitan, cortesanos,	
	tenerla más aplaudida.	580

| Domingo | ¿La puerta a la vanidad | |
| | tienes abierta? | |

Catalina	Las dichas	
(Música dentro.)	mejoran en los aplausos	
	las glorias de repetidas.	

(Vase.)

| Fenisa | Yo me voy a dar un baño | 585 |
| | [a un estanque de natillas.] | |

(Vase.)

....

Domingo	Encienda de la capilla las velas.
Soleta	Voy a pegarme también con la pelotilla.

(Vase.)

Domingo	Para que tus prodigios	590
	mis afectos repitan,	
	a mi espíritu alienta,	
	dulcísima María,	
	porque encendida esta	
	rebelde nieve fría	595
	en tu devoto celo,	
	deje su torpe vida.	
	Dame aliento, Señora,	
	de poder persuadirla	
	a ser devota tuya,	600
	venciendo su malicia.	
Música	Alienta, Domingo,	
	espera, confía,	
	que a cuenta del Cielo	
	está Catalina	605
Domingo	El Sol, la Luna, el cielo	
	y los astros repitan tus alabanzas	
	siempre, dulcísima María.	

(Vase.)

(Salen Golondrino y Fenisa.)

Golondrino	¡Qué gran comida!	
Fenisa	¡Y qué platos!	610
Golondrino	¡Qué sorbetes!	
Fenisa	¡Qué ambrosías!	
Golondrino	¡Al mundo de apoplejías pudo llenar, y de flatos!	
Fenisa	¡Dónde te caben, no sé, tantas cosas, Golondrino!	615
Golondrino	Salgo en diluvios de vino, hecho un arca de Noé.	

(Música dentro.)

| Fenisa | A coronar el festín,
entre suaves candores,
con la música las flores
vienen de aqueste jardín. | 620 |

(Salen con la Música Lupercio. Porcia, Catalina Filipo y todos los convidados.)

| Música | Imite la belleza
de la flor el hermoso lucimiento:
no malogre en su oriente | |

lo más bello;   625
deje para el ocaso
el escarmiento.

Lupercio   Viva ufana tu hermosura
                  siempre en sus abriles bellos;
                  al mayo no le anticipes   630
                  los rigores del enero.
                  Vive, Catalina, vive,
                  y en tus festivos alientos,
                  a tu fama y a tu aplauso
                  les tributen —lisonjeros   635
                  vasallos— los albedríos,
                  en repetidos obsequios,
                  cuanto, próvidos, fecundan
                  todos los cuatro elementos;
                  que para lograr los bienes,   640
                  los bienes nos dan los cielos.

Catalina   Danzas, comedias, banquetes,
                  y todos cuantos festejos
                  inventar supo el placer,
                  de todos gustosa quiero   645
                  gozar; que mi vanidad
                  no se rinde al común ceño
                  de que niegue al regocijo
                  cuanto a los aplausos debo.

Filipo   Cantad, y en coros festivos,   650
                  los primores contrapuestos
                  de las cadencias suaves,
                  de los numerosos metros
                  unidos, fugas expliquen
                  los batallados conceptos.   655

Porcia	Bella Catalina, logra
	cuanto a tus bellos luceros
	tributan en sacrificios
	los más rendidos afectos.
	Vive al aplauso, y vivamos 660
	a las caricias del tiempo,
	que no nació la hermosura
	para rendirse al tremendo
	horror, de que se malogren
	todos sus divinos fueros. 665
Catalina	Cerca el día de mis años
	está, querido Lupercio.
Todos	Pues celebrémosle.
Todos.	
Porcia	Y sea con el discreto
	festejo de una comedia. 670
Filipo	La que ha de ser destinemos.
Porcia	«Narciso y Eco» será.
Catalina	No quiero Narciso ni Eco,
	que él es lindo, y ella es muda.
Leonardo	¿«Venus y Adonis»?
Catalina	No quiero 675
	que haya tragedia en mis años.

Lupercio	Porque no se pierda tiempo,
	a sortear la que ha de ser
	volvamos, que mi deseo
	no sufre que haya ninguna 680
	dilación en tus festejos.
Todos	Y elegida una vez, todos
	en ella representemos.
Catalina	Sea así.
Lupercio	Adiós, Catalina.
Catalina	En el cenador espero. 685

(Vanse, menos Catalina y Fenisa; y dentro golpes, como que llaman.)

Fenisa	¿Quién a puerta tan abierta
	a llamar llega tan recio?
Domingo (Dentro.)	Un religioso.
Catalina	Cerradas
	de mi casa nunca vieron
	las puertas. ¡Entre, y no llame 690
	el que fuere!
Domingo (Dentro.)	Entrar no puedo
	sin llamar.
Fenisa	¡Los aparatos
	son de grande llamamiento!

(Sale Fray Domingo.)

Domingo (Aparte.)   (¡Oh, qué ciega confusión!
                     pues tiene el error más ciego   695
                     al mundo abiertas las puertas,
                     y cerradas para el Cielo.)

Catalina (Aparte.)   (¡Cuánto me asombra su vista!
                     Mas vénzanse mis recelos.)

Domingo (Aparte.)   (¡Con qué de afectos batalla,   700
                     sin mejorar los afectos!)

Fenisa (Aparte.)   (¡Cuál se miran, y se admiran!)

Catalina (Aparte.)   (Salir de este asombro quiero.)
                     Si erais vos el religioso,
                     muy poco, Domingo, os debo   705
                     en no haberos declarado
                     conmigo, para que atento
                     mi cuidado previniese
(Aparte.)   (¡oh, cuánto me asombra, cielos!)
                     algún cortés agasajo.   710

Domingo   Excusa los cumplimientos.

Catalina (Aparte.)   (¡Oh, ¿quién pudiera apartarse
                     de su vista!)

Domingo   Solo quiero
                     el que cumplas, Catalina,
                     con los favores que al Cielo   715
                     le deben tus perfecciones.
                     No malogre en escarmientos
                     con la belleza exterior

el interior desaseo.
Catalina Ponte a la puerta, Fenisa: 720
mira no vuelva Lupercio.

Domingo   No temas, nada receles:
(Aparte.)   conmigo estás. (¡Ah, Lupercio!
               ¡Oh, si en el vencer pudiera
               lo que en ti vencer espero!)   725

Fenisa (Aparte.)   (Despacio la toma el padre,
               y sermones no apetezco:
               voyme, porque el no estorbar
               es un aquél muy discreto.)

(Vase.)

Catalina (Aparte.)   (Porque me deje ¿que haré? ...   730
               Pedirle el rosario quiero.)
               Dadme el rosario, Domingo,
(Aparte.)   y otro día (¡qué tormento!)
               podréis verme.

Domingo   Catalina,

(Cogiendo de la mano a Catalina, la lleva hacia la silla.)

               ¿quién puede lograr el tiempo,   735
               y no malograr las dichas
               de conocer sus misterios,
               no se aparte en la razón
               del mayor conocimiento.
               Siéntate aquí, Catalina   740

(Siéntase Santo Domingo en una silla, y Catalina en una almohada, de rodillas.)

Catalina (Aparte.)   (¿Cómo a sus voces me venzo?)

Domingo   Sin susto atenderme puedes.

Catalina (Aparte.)   (¡Mal se vencen mis recelos!)

Domingo   Acércate, no te apartes.

Catalina (Aparte.)   (¡Quién pudiera estar más lejos!)   745

Domingo

En este círculo hermoso
se cifran quince misterios,
donde sus avemarías
corresponden al Salterio
de David: ciento y cincuenta   750
floras hermosas, que en ecos
de azucenas y jazmines
explican, con dulce aliento
del encarnado clavel,
todo el celestial concepto.   755
Sus estaciones divinas
con los quince padrenuestros
divide, en tres quincagenas,
a los tres piadosos tiempos,
para que mejore el alma   760
de afectos con los afectos.
Cinco misterios gozosos
contemplarás los primeros:
la Anunciación de Gabriel,
para que encarnase el Verbo;   765
la Visita de Isabel;

el dichoso Nacimiento;
la tierna Circuncisión;
y cuando se halló en el Templo.
Los segundos, dolorosos: 770
contempla a Cristo en el Huerto;
azotado a la Columna
por los ministros sangrientos;
en la Corona de espinas;
al hombro el grave Madero; 775
y en él, clavado a rigores
por el hombre, a Dios supremo.
En los gloriosos, contempla
la Resurrección del Cuerpo;
y en la Ascensión, pues subió 780
a su celestial asiento,
y paloma en su Venida
bajó, con plumas de fuego;
en la Asunción de María,
que con soberano imperio 785
como Emperatriz subió
a Coronarse a los cielos.
Esta es la escala que vio
dichoso Jacob, durmiendo,
de ángeles que descendían 790
a subir al firmamento.
De la mano de María
la recibí, y de su bello
Hijo amante, que a ternezas
a Domingo enriquecieron. 795
Recíbele tú de mí,
que en la voz de Dios, ofrezco
a ti, y a cuantos devotos
reverencien sus misterios,
en la tierra anticipados 800

todos los bienes del Cielo.

(Levántase Catalina, y toma el rosario, turbada, y se va retirando.)

Catalina (Aparte.)   (Turbada yo le recibo ...
¡Oh, cómo el sagrado peso
en mis manos! ... ¡Raro asombro! ...
desmayados los acentos,   805
helada la voz, y el labio
entorpecido, no puedo
articular las palabras...
¡Horror! ...¡Asombro tremendo! ...
¡Sin mí en su presencia estoy! ...   810
Pero de ella vaya huyendo.)
Adiós, Domingo

(Vase.)

Domingo   ¡Qué poco
que han aprovechado, pienso,
en su corazón mis voces!
Mío sería el defecto   815
más que suyo, que es muy tibio
mi espíritu. Yo confieso,
Señor, que más batería
ha menester este pecho
duro, que mi persuasión.   820
¡Cuán grande es mi desconsuelo!
No os parezca, Señor mío,
la porfía de mi ruego
desconfianza: atraed
a Vos este bronco acero,   825
Imán de misericordias;
encended en vuestro fuego

esta congelada nieve
a torpes delitos feos.
Por ésta, Jesús divino,   830
padecisteis; no el veneno
de la culpa en ella borre
de vuestra Pasión el precio.

(Descúbrese en una gloria el Niño, con tunicela blanca, y el mundo en la mano,
acompañado de los dos ángeles.)

Música   Confía, Domingo, y espere tu celo
                en la misericordia de Dios eterno,   835
                lograda la ternura de tu deseo.

Niño   Para que seguro estés
                de ese temor, te prevengo
                (confirmando la verdad
                que a mi Madre oíste, tierno   840
                amante de su pureza),
                que a mi cargo queda el peso
                de la conversión que pides;
                adonde mostrar espero
                a los mortales que olvidan   845
                lo que me deben, los medios
                extraños que usa mi amor
                para volver a traerlos
                a mí. No te desconsueles,
                que en mi oído están tus ruegos.   850

Domingo   ¡Oh, soberano Señor,
                gracias os dé todo el Cielo!
                Cantan los ángeles.

44

Ángeles	Confía, Domingo, y espere tu celo
	en la misericordia de Dios eterno,
	lograda la ternura de tu deseo. 855
Domingo	Confío, y espero,
(Con la Música.)	en la misericordia de Dios eterno.
	Ciérranse las apariencias con la Música.
	Fin de la primera jornada

Jornada segunda

(Salen por diferentes puertas Fenisa y Golondrino con sus papeles de estudio, como repasándolos.)

Golondrino	«Con sus cabellos María los pies a Cristo enjugó.» Pie, Boticario: «Y gastó todo un bote de ambrosía en ungírselos.»	860
Fenisa	Pie, Polla: «Llorando así su pecado, como si se hubiera dado en los ojos con cebolla.»	865
Golondrino	«Con sus cabellos María ...» «Con sus cabellos María ...» «Con sus cabellos María ...»	
Fenisa	«Llorando así su pecado ...» «Llorando así su pecado ...» «Llorando así su pecado ...»	870
Golondrino	Estudia un poco más quedo.	
Fenisa	Eso iba a decirte yo.	
Golondrino	Así estudio siempre, o no estudio.	
Fenisa	Solo así puedo estudiar. Pie, Magdalena: «Y hallóse tan reducida	875

que trocó su mala vida.»
Pie, Marta: «Por otra y buena,
siguiendo a Dios.»

Golondrino   Pie, Faroles: 880
«Por el tiempo mal gastado
mandó tocar a nublado
a las niñas de sus soles.»
¡Por cierto, que han elegido
harto festiva comedia   885
para celebrar los años
de Catalina!

Fenisa   Si vieras
un paso cantado que hay
entre Cristo y Magdalena,
y cómo le hacen mi ama   890
y Porcia, te enternecieras.

Golondrino   ¿Sábenle ya?

Fenisa   Ya le cantan.

Golondrino   ¡A fe, que han dado priesa
en estudiar! Si yo así,
Fenisa, estudiar pudiera,   895
bien sé que no me trocara
por Escamilla la bella.
Catalina hará la dama,
y Porcia por la cuenta
al Nazareno. ¿Quién hace   900
a Marta?

Fenisa   Rosaura.

Golondrino	A ésa le encajará el papel desde que ha dado en camandulera. ¿Qué hace mi amo?
Fenisa	Un galán a quien mi ama desdeña. 905
Golondrino	Y ¿pasa por eso él?
Fenisa (Música dentro.)	Para que no hubiese queja en ninguno y la elección de todos en común fuera, papeles se sortearon 910 después de sortear comedias..
Golondrino	¿Cuando es el primer ensayo?
Fenisa	Ahora.
Golondrino	Pues yo no sé letra.
Fenisa	¡Mal hicieras de trocarte por Escamilla con esa 915 memoria!
Golondrino (Guitarras dentro.)	Pues te aseguro que ventaja no me lleva nadie en el trabajo. Pero ya los instrumentos suenan, y deben de comenzar. 920
Fenisa	Si ha de ser en esta pieza el ensayo de esta tarde,

y entro yo en el tono, bestia,
¿cómo han de empezar?

Golondrino	Así,	
	pues quiero darle una vuelta	925
	al papel: allí te aparta.	

Fenisa	Si de la propia manera	
	la has de saber de aquí a un año,	
	mejor es que no te muelas,	
	y que en nuestro amor hablemos	930
	este rato que nos dejan.	

Golondrino	Con la memoria ocupada,	
	¿quién diablos quieres que tenga	
	voluntad? Deja que pase	
	el apretón de esta fiesta,	935
	y luego te querré mucho.	
	Pie, Menguado: «No me quieras	
	y quizá te querré yo.»	

Fenisa	«Harélo de esa manera.»

Golondrino	¡Esto es del papel!

Fenisa	¡Y esto!	940

(Salen Catalina y Lupercio.)

Catalina	Si todo, Lupercio, fuera	
	tratar de las bizarrías,	
	los festines, las grandezas	
	con que fue en Jerusalén	
	celebrada Magdalena	945

—no sé si más que yo en Roma—
te prometo que me diera
gusto el papel; porque como
mis presunciones me acuerda
el séquito de las suyas,   950
estoy gustosa con ellas.
Mas como su conversión
trata también la comedia,
y como poco inclinada
soy al llanto y penitencia,   955
aquel paso me disgusta.

Lupercio   Pues hácesle de manera
                que cuando le repasáis
                Porcia y tu, aunque lisonjean
                vuestras voces mis oídos,   960
                el corazón me penetra
                un tan vehemente dolor ...

Catalina   ¿De qué?

Lupercio   De pensar que puedas
                sentir, Catalina hermosa,
                aquello que representas.   965

Catalina   ¿Quién, yo? Bien, ¡por vida mía! ...

Lupercio   Quiérote mucho, y sintiera
                perderte.

Catalina   Por ese lado
                no hayas miedo que me pierdas.

Lupercio   Con todo eso, ¿rezas mucho   970 el rosario?

Catalina   No me deja
Rosaura si no le rezo.
Demás, que sola esa seña
tengo de cristiana, y yo
soy cristiana, aunque no buena.   975

Golondrino   (Aparte a Fenisa.) ¡Cuánto basta para que
no la quemen!

Fenisa   (Aparte a Golondrino.) Y eso, ¡apenas!

Catalina   ¿Cómo te va, Golondrino,
de estudio?

Golondrino   La primera letra
no sé del papel.

Catalina   ¿Por qué?   980

Golondrino   Porque andamos en pendencias
tan ocupados mi amo
y yo, que lugar no queda
en todo el año, señora,
para hacer otras haciendas.   985

Catalina   ¿Tu también riñes?

Golondrino   A veces,
que no hay cosa que no tenga
su día, y cierto, que algunos
estoy yo que si me vieras,
te enamoraras de mí,   990

según amiga te muestras
de hombres de valor.

Catalina   Confieso
que es para mí linda prenda
el brío; pues me parece
la presunción más discreta   995
de una dama, cuando sale
de casa o al balcón llega,
ver lleno el barrio de cruces
de hombres que han muerto por ella.

Golondrino   ¡Ira de Dios! Dime, ¿viene   1000
de Nerón tu descendencia?

Lupercio   No seas bachiller, y sabe
que a singulares bellezas
cultos comunes no deben
ser admitidas ofrendas: 1005
grande ídolo quiere mucho
obsequio. Lisonjas sean
de Catalina las vidas
—ya que las almas no puedan—,
que yo, si ella me lo manda,   1010
dejaré a Roma desierta
por sacrificarle a cuantos
no se murieren de verla.

Catalina   Nada dices y nada haces
que de mi gusto no sea.   1015

Fenisa   (Aparte a Golondrino.) ¡Cuáles son los dos!
Golondrino (Aparte a Fenisa.) ¡No hay
en Roma tan malas bestias!

Sale Porcia.

Porcia   ¿He tardado mucho?

Catalina   Siempre
                  tarda lo que se desea.

Lupercio   ¿Y Filipo?

Porcia   Con Leonardo   1020
                  viene ya.

Catalina   Gracioso tema
                  es en el que da Rosaura.

Porcia   No era su amor muy de ver as,
                  pues fue olvido tan aprisa.

Lupercio   Pues si yo Leonardo fuera,   1025
                  ya que otra satisfacción
                  tomar no pudiese de ella
                  —pues del enojo ninguna
                  hay que ser decente pueda
                  con una dama— tomara   1030
                  la de amar otra belleza;
                  y cuanto ella a mí en desdenes,
                  yo en desengaños le diera.

Catalina   Ya yo ha sabido, Lupercio,
                  que él hace esa diligencia.   1035

Lupercio   Tan sin razón olvidado,

hiciera mal de no hacerla.

Catalina (Aparte.)   (¡Qué poco le disculparas
si que me ama a mí supieras!)
Luego tu, si a mi desdén   1040
vieses vibrada la flecha,
¿otra hermosura buscaras?

Lupercio   No, que hallarla no pudiera;
pues como tú no hay ninguna,
habiendo muchas como ella.   1045

Catalina   Dices bien.

Porcia   ¡Qué grosería,
y qué vanidad!

Lupercio   Supuesta
la imposibilidad que hay
en que yo amaros pudiera,
Porcia divina, por dama   1050
de Filipo, no os parezca
grosería en mí el olvido
de vuestra hermosura. Fuera
de que, si lo fue, disculpa
hallaréis en mi fineza.   1055

Porcia   Sois muy atento.

Catalina   Ni en mí
convenirme en que no hubiera
otra como yo, delito
hallarías, Porcia bella,
pues darme a mí celos,   1060

eras como si no fueras.

Porcia   Soy tu amiga; muy bien dices.

(Sale el hermano Soleta con un costal al hombro, vacío.)

Soleta   Sea el hermano Soleta
                con los siervos del Señor.

Catalina   ¿Qué quiere, hermano?

Soleta   Quisiera   1065
                que de cuanto desperdicia,
                algo, hermanita, les diera
                a los hijos de Domingo;
                que van a poner las mesas
                para comer, y no hay pan   1070
                ni cosa que lo parezca:
                por lo cual los religiosos
                tienen caponas las muelas.

Golondrino   ¿Caponas?

Soleta   Sin ejercicio,
                que es lo propio.

Catalina   A tiempo llega,   1075
                que nos halla embarazados
(Aparte.)   a todos. (¡Con qué pereza
                me muevo a las buenas obras,
                y a las malas, con qué priesa!)

Soleta   Yo esperaré.

| Catalina | Mejor es | 1080 |
| | que se dé después la vuelta. | |

(Salen Rosaura, Filipo y Leonardo.)

Soleta	Ya aguardo, ángel.
Golondrino	(A Soleta.) Hermanito ...
Leonardo	Desengañarte pudieras
	de que yo le estoy, Rosaura.

| Rosaura | ¿Cómo, si siempre te encuentra | 1085 |
| | mi susto? | |

Leonardo	Como aquí vengo
	al ensayo de esta fiesta,
	y no a buscarte.

Rosaura	Pues yo,
	si ha de ser verte aquí fuerza,
	dejaré el papel, Leonardo,	1090
	que me han repartido en ella.

| Leonardo (Aparte.) | Déjale o no. (¡Ay, Catalina!) |

Catalina	Bueno está, Rosaura bella,
	que no han de pagar mis años
	de tus desdenes la deuda.	1095

Rosaura	Este no es desdén, pues nunca
	quise con tanta fineza
	a Leonardo como cuando
	le pido que no me quiera.

Todos	¿Fineza es ésa?
Rosaura	Sí, pues 1100 solicito que me pierda porque a Dios halle Mirad cuán grande es la diferencia que hay entre haberle querido yo para mí, y que le quiera 1105 para Dios: yo, mortal polvo, y Dios, perfección eterna.
Catalina	¿Dónde acabas el sermón de hoy? Ten, mujer, la lengua; goza de tu lozanía, 1110 que harto tiempo después queda.
Rosaura	¡Ay, Catalina, que nadie sabe el que hay, y que es astrecha, si la toma la Justicia de los mortales, la cuenta! 1115
Porcia	¡Que graciosa estás, Rosaura!
Catalina	¿Esta es gracia? ¡Impertinencia me parece a mí!
Rosaura	Pues yo no disgustarte quisiera, sino servirte.
Porcia (Aparte.)	(Esta oye 1120 a Fray Domingo de veras, y Catalina, de burlas,

pues tan poco se aprovecha.)

Filipo   Ved que es hora de empezar.

Soleta   Y que el hermanito espera.   1125

Catalina   Espere o váyase.

Soleta   Ya
                aguardo, ángel.

Porcia   Sin Eugenia,
                ¿quién ha de tocar el paso
                en el arpa?

Catalina   ¿Y sin que venga
                el apuntador?

Sale el Apuntador con un cuaderno, que es el que se ha de romper a su
tiempo.

Apuntador   Por mí,   1130
                señores, no se detenga
                el ensayo.

Soleta   Ni por quien
                toque el arpa —como cuenta
                no se le dé a Fray Domingo
                de que yo hice esta flaqueza.   1135
                Pues por mí no se dejó
                jamás ninguna obra buena.

Catalina   ¿Sabe tocar?
                Pues Orfeo

no ha herido mejor las cuerdas.

Golondrino   ¿Y los hermanos?

Soleta   Que aguarden,   1140
             que en hablando de comedias
             me derrito.

Catalina   Solo así
             llevar limosna pudiera.

Soleta   Llene yo el costal, hermana,
             y por lo que fuere sea.   1145

(Toma Soleta el arpa.)

Apuntador   ¿Qué paso va?

Rosaura   En el que Marta
             persuade a Magdalena
             que oiga al profeta Jesús.

Filipo   Vaya en el que representan
             cantando las dos.

Todos   Va ése.   1150

(Lee el apuntador.)

Apuntador   «Descubriráse el profeta
             Cristo a la mesa sentado
             de Simón; y Magdalena,
             sin hablar, le besará
             los pies.»

Catalina	Como ahora está, lea,	1155
	porque se entienda lo que	
	los dos silencios dijeran	
	de Magdalena y de Cristo,	
	según lo que se interpreta.	
Todos	¿Quién habla en él?	
Apuntador	Las dos solas.	1160
Músico (A Soleta.)	Si sabe este papel, vea	
	que es el acompañamiento.	
	Dale un papel de solfa.	
Soleta	¿Si sé? Démele y atienda.	
	Comienza a tocar.	
Catalina	¡Con qué repugnancia lo hago!	
Porcia	Si Catalina te quedas	1165
	después, ¿qué importará ahora	
	que Magdalena parezcas?	
Catalina	Vaya si ha de ser.	
Todos	¡Silencio!	
Lupercio (Aparte.)	(¡Toda el alma tengo inquieta!)	

Mientras cantan el paso, llora Rosaura.

Catalina (Canta.)	Aunque de mis delitos	1170
	tan manchada me vea,	
	tan horrorosa llegue,	

Señor, a tu presencia,
que al mirarme y al verte
me impida la vergüenza,   1175
el temor me embarace,
y el susto me suspenda;
saber me anima, conocer me alienta,
que a perdonarme vienes a la tierra.

Porcia (Canta.)   Perdida oveja mía,   1180
llégate a mí; no temas.
Tu Pastor soy, y vengo
a que al rebaño vuelvas,
de ti tan cuidadoso,
como si no tuviera   1185
más caudal que tú sola,
entre tantas ovejas.
Porque entre la que huye y las que quedan,
éstas no pagan lo que cuesta aquella.

Catalina   ¡Mi bien!

Porcia   ¡Mi amada!

Catalina   ¡Mi Señor!

Porcia   ¡Mi prenda!   1190

(Llora.)

Catalina   Lloro.

Porcia   Gime.
                    Catalina Gimo, peno.

Porcia	Pena.
Las dos	Que las lágrimas tiernas la ofensa apartan y el perdón acercan. Representa Catalina como enajenada.
Catalina	¡Hijas de Jerusalén, penitencia, penitencia!
Lupercio	¡Ay de mí! ¡Qué es lo que dices?
Catalina	¡Penitencia!
Lupercio	¡Aguarda, espera! Catalina, ¡Penitencia!
Lupercio	¡Catalina! Cóbrase Catalina.
Catalina	Pues ¿no está así en la comedia?
Apuntador	Así está.
Lupercio	Pero aunque esté así, mi bien, considera que me matas, porque temo, cuando la memoria acuerda que Ginés representante se convirtió en la comedia del cristiano bautizado, que hagas lo propio tu en ésta, según lo que te transformas en Magdalena.

1195

1200

1205

Catalina	Ni temas	
	que eso pueda sucederme,	1210
	ni tampoco que dijera,	
	hablando yo como yo,	
	lo que dije como ella.	
	Pero para que otra vez	
	ni a ti ni a mí nos suceda,	1215
	—a ti temer, ni hacer nada	
	a mí que sin gusto sea—	
	a mis años se disponga	
	otro género de fiesta,	
	porque ésta se acabó aquí,	1220
	Lupercio, de esta manera.	
	Rompe el cuaderno.	

Rosaura (Aparte.)	(¡Válgame Dios, qué intratable	
	este corazón se muestra!)	

Porcia (A Filipo.)	Melindre fue el de Lupercio.	

Filipo	Es en el que ama de veras,	1225
	Porcia, muy sensible todo	
	cuanto a parecer le suena	
	mudanza en lo que ama; que	
	amor nada hay que no tema.	

Porcia	¿Temiéraslo tú de mí?	1230

Filipo	Yo no, porque me muriera.	

Fenisa	Ha hecho muy bien mi señora.	
Lupercio	Tan bien, que si no la hubiera	
	dado antes de ahora el alma,	
	se la diera a esta fineza.	1235

Soleta	¡Adiós, arpa!
Golondrino	¡Adiós, papel!

(Rómpele.)

Catalina	Fenisa, al hermano lleva, y dale pan.
Soleta	Aunque es tarde, siempre a buena ocasión llega.
Rosaura (Aparte.)	(Esta caridad descubre 1240 que algo en el alma le queda.)
Fenisa	Venga, hermano.
Soleta	Golondrino, lo dicho, dicho.

(Vanse.)

Rosaura	Supuesto que ya aquí que hacer no tenga, dame licencia ...
Catalina	Rosaura, 1245 vete muy en hora buena, que sin ti celebraremos mis años.
Lupercio	No la detengas.

Rosaura	Sí harás, pues que mis verdades
	te suenan a impertinencias 1250

(Vase.)

Catalina	(A Leonardo.) ¿Cómo con ella no vas?
Leonardo	Como tengo el alma presa
	en tus ojos.
Catalina	¿Aún porfías,
	sabiendo con la fineza
	que quiero a Lupercio?
Leonardo (Aparte.)	(Yo 1255
	haré hoy que no le quieras,
	matándole, pues me estorba
	el logro de tu belleza;
	que en mí, otro delito más
	es circunstancia pequeña.) 1260
Catalina	¿Porcia?
Porcia	Pensando ahora estaba
	que un sarao público fuera
	fiesta a propósito.
Catalina	Sí,
	bien dices, y luego sea:
	a disfrazarnos entremos. 1265
	¡Eso sí que es bueno! Porcia
	los llantos, que en fin son llantos,
	por más que en música sean.
	Veamos, y seamos vistas.

Filipo	Es la elección tan discreta	1270
	como de Porcia.	
Lupercio	No siento	
	más de que forzoso sea	
	no conocerte, cubierto	
	el rostro.	
Catalina	Pues ¿no me quedan	
	hartas señas, sin la cara,	1275
	en que conocerme puedas?	
	Toma tú este lazo y ponle	
	adonde yo verle pueda,	
	Dale un lazo.	
	porque la vista te alcance	
	cuando el oído te pierda.	1280
Lupercio	Un favor envuelto en muchos	
	me das.	
Leonardo (Aparte.)	(Que será la seña	
	para su muerte.)	
Filipo	Tú, Porcia,	
	¿no me das favor?	
Porcia	Si llevas	
	mi corazón por divisa,	1285
	¿cómo quieres que te pierda?	
Catalina	Vamos, y este tiempo que hay	
	desde aquí a la primavera	
	de mi nuevo año se ocupe	

	en alegrías y fiestas.	1290

Todos	¡Celebre Roma el natal de Catalina la bella!

Vanse, y el mancebo que representa a Cristo dirá desde la apariencia en que estuviere puesto, y luego saldrá:

Mancebo	Domingo ...

(Sale Domingo.)

Domingo	Voz, que en el viento me nombras, y no ilusión, que hiriéndome el corazón, llenas mi alma de contento, ¿cúya eres?; que no distingo, y no con faltas de enojos, el regalo, con los ojos, de los oídos.	1295 1300

Mancebo	Domingo ... Música.

Domingo	Aquí estoy; no con rigor - tanto me hagas desear.

Mancebo	Prevente para mirar un efecto de mi amor. Domingo ¡Qué mal hice de dudar cúya eres, voz, al oír que empiezas a prevenir, primero que a ejecutar! Que aquí para entre los dos,	1305

	por la experiencia conviene	1310
	creer, que voz que previene	
	al hombre es la voz de Dios.	

Domingo   ¿Qué mandas, Señor divino?

Mancebo   Que me veas.

Al igualarse las apariencias, irá subiendo el santo en elevación, y bajará el mancebo vestido a la romana, muy galán, sobre un trono de serafines, y a los lados, dos ángeles; y en igualando con la elevación, bajarán las apariencias iguales hasta el tablado, y luego subirá de rápido la que bajó, quedándose el niño en el tablado.

Domingo   ¿Tal favor?

Mancebo   Nota en mí lo que mi amor   1315
(Descúbrese.)   y tu caridad previno.

Ángel 1.° (Canta.)   Si por redimir a todos
bajó Dios desde su alcázar
una vez, amante, otra
por redimir a una, baja.   1320

Ángel 2.° (Canta.)   Disfrazado en carne aquella,
ésta disfrazado en galas,
para que la medicina
se proporcione a la llaga.

Los dos (Cantan.)   ¡Dichosa el alma (Suben.)   1325
que le debe fineza tan extraña!

Domingo   Amantísimo Jesús,
(De rodillas.)   ¿qué es esto? Pues ¿no bastaba

vuestra voluntad divina
para la empresa más ardua? 1330
¿Todo Vos volvéis al mundo,
hombre otra vez? Si faltarais
del Cielo, aunque estáis aquí,
¿el Cielo cómo quedara?
¿Plumas, Señor, por espinas? 1335
¿Por túnica y dogal, galas?
No os conociera, si dentro
de mí, Vos no me informarais.
¿A qué venís? (si merece
saberlo la confianza 1340
que tengo en Vos, tantas veces
de honores asegurada.)

Mancebo   Pues ¿de tu ruego, Domingo,
te olvidas, y mi palabra?

Domingo   ¿Cómo, Señor?

Mancebo   ¿No me ruegas 1345
que tenga piedad de un alma
que juzgas perdida? Y yo,
¿no te previne que estaba
a cargo mío el remedio
que tú imposible juzgabas? 1350

Domingo   Pues ¿cómo en vuestra presencia
queréis. Señor, que de nada
me acuerde que no seáis Vos,
si la admiración me pasma,
si no hay sentido que tenga 1355
libertad, y si embargadas
las potencias, al miraros,

en el sumo bien descansan?
¿Quién os debe esta fineza?

Mancebo   Vuelve, Domingo, la cara,   1360
                 y verás en sombra hoy,
                 lo que en realidad mañana.

Descúbrese en el foro una gruta con altar, en que esté colocado un cruci-
fijo; y a Catalina arrodillada ante él con una calavera en la mano, vestida de
una túnica blanca, y suelto el pelo, en contemplación.

Domingo   ¿Qué ven mis ojos?

Mancebo   ¿Conoces
                 a esta mujer?

Domingo   La profana
                 Catalina que es, dijera,   1365
                 si esta acción se conformara
                 con las de su mala vida.

Mancebo   Prevente para alentarla,
                 porque no vuelva a la culpa
                 de que yo vengo a sacarla.   1370

(Vase, y cúbrese el foro.)

Domingo   Señor, ¿Catalina? ... pero
                 nada de lo que miraba
                 veo: yo soñé sin duda.
                 ¿Cristo vestido de gala
                 en la tierra? ¿La lascivia   1375
                 en penitencia mudada?
                 Pero no soñé, que ¿no es

71

del amor con que nos ama
Cristo, la demostración
de su fineza más alta,   1380
más que explicación de aquella
caridad con que nos llama?
Así esto es, cuanto a que, siendo
fineza suya, esta humana
forma de manifestarse   1385
se tenga por necesaria.
Mas cuanto a que esta mujer
siga a Dios, tan engolfada
en las delicias del mundo,
más dificultad me causa   1390
para creer que no dormía
cuando la vi; pues llamarla
Cristo, cuando no hay ningún
pecador a quien no llama,
y seguirle ella, teniendo   1395
la libertad tan usada
a no oírle ... Pero a Dios
no le es imposible nada;
ciegue el discurso, diciendo
providencia soberana   1400
de Dios» —ioh, cuánto te debe
el hombre, y cuán mal te paga!

(Sale el hermano Soleta con el costal lleno al hombro.)

Soleta   Deo gracias, padre.

Domingo   ¿Qué quiere?

Soleta   Que me alivie de esta carga,
                mandando que a refectorio   1405

	se vuelva a tocar.	
Domingo	Las gracias se den a Dios por el bien que nos ha hecho.	
Soleta	Y al arpa, que si no, vacío, padre, volviera el costal a casa.	1410
Domingo	¿Qué dice?	
Soleta	Que yo me entiendo.	
Domingo	Hable, hable.	
Soleta	Que no es nada.	
Domingo	¿Cómo tan tarde ha venido?	
Soleta	Dígole que más tardara si por el arpa no fuera.	1415
Domingo	¿Qué tiene que ver el arpa con la limosna?	
Soleta	Que si no tocara, no tocara. Pero mire que reviento con el peso.	
Domingo	A llamar vaya, mientras por quien nos socorre voy a dar a Dios las gracias	1420

yo a la iglesia.

Soleta (Va, y vuelve.)	Voy. Pero oye lo mejor se me olvidaba.
Domingo	¿Qué dice?
Soleta	Que en un altar 1425 donde hubiere David, haga la oración.
Domingo	Por qué, me diga.
Soleta	Porque algo le toque al arpa.
Domingo	Vaya, que es muy tarde.
Soleta (Va, y vuelve.)	Voy Pero iah, sí!
Domingo	¿A qué vuelve?
Soleta	A nada. 1430 Golondrino, aquel criado de Lupercio, se le encarga por mí, padre.
Domingo	Pues ¿qué quiere? Soleta De hacerse donado trata en casa.
Domingo	Nunca Dios niega 1435 a quien le busca su casa.

Soleta	El hombre ha sido tunante, y tiene famosa labia.
Domingo	Vaya, hermano.
Soleta	De ésta voy, ¡Qué poco me embarazara 1440 yo en nada si no trujera las tripas acomodadas!

(Vase.)

Leonardo (Dentro.)	¡Muere a mis manos!
Lupercio (Dentro.)	Traidor Leonardo, ¿por qué me matas?
Leonardo (Dentro.)	Porque eres en Catalina 1445 estorbo de mi esperanza. ¡Muere!
Lupercio (Dentro.)	Ya muero ... ¡Domingo, ruégale a Dios por mi alma!
Domingo	Si haré, Lupercio. Señor, esta obligación me llama 1450 a vuestro altar, añadida a la que a él me llevaba.

(Vase.)

(Sale Leonardo.)

Leonardo	En esa sima le echad,

y quede disimulada
nuestra culpa así: vengado   1455
yo de la cruel Rosaura,
y amante de Catalina,
sin estorbo para amarla.

(Vase, y entre dos enmascarados, sacarán a Lupercio muerto, y a su tiempo
le meterán por un escotillón que ha de haber en el tablado, por donde, en
previniéndolo los versos, volverá a subir, transformado, a representar el
demonio.)

Enmascarado 1.º   Ya llegó al centro.

Los dos   Sigamos
                   las músicas y las danzas   1460

(Vanse.)

(Sube Lupercio.)

Lupercio   Y yo siga el nuevo susto,
                   de prevención tan extraña,
                   como ver en esta forma
                   de Lupercio, avergonzada
                   mi soberbia, de que cuanto   1465
                   en su vida cultivaba,
                   en su muerte haya perdido
                   —ioh, pese a las no explicadas
                   piedades de Dios, y pese
                   a las piadosas instancias   1470
                   de Domingo, contra quien
                   ya flaquea mi constancia!—
                   como ver —ivuelva a decirlo
                   más que mi acento, mi rabia!—

que de su trono descienda 1475
otra vez en forma humana
Aquél (para no nombrarle,
mi odio inmortal se valga
de sus señas), que juntando
solo en Él eslabonadas 1480
(aunque yo el modo no entiendo)
las dos porciones contrarias,
humana y divina, al mundo
vino para mi desgracia,
y para ventura de la encadenada, 1485
vil naturaleza que se hizo mi esclava.
Pues pensar que acaso sea
su venida, y que no traiga
su artillería amorosa
contra mi envidia asestada, 1490
no puede ser; porque cuando
la experiencia lo callara
de la vez primera, verle
con Domingo en recatada
forma de revelación 1495
hablar en su celda, basta.
(Aunque lo que le decía
no oí, porque las palabras
distintas entre ellos fueron
para mí no pronunciadas.) 1500
Basta —el dolor lo repita—
para que mi ciencia haga
conjetura de que viene
a empresa que no ordinaria
debe de ser; pues dispuso 1505
tan no común circunstancia,
que aplicar previno, queriendo curarla,
a extraña dolencia, medicina extraña.

Quién sea el doliente tanto,
discurrir ahora me falta,   1510
entre los mortales, que
le obligue a prevención tanta ...
Pero son muchos, y no es
posible en que cuál es caiga,
teniendo por los delitos   1515
una misma semejanza.
¡Que la vanidad no sepa
alentarme, de que di a
tantos que a mi imperio humillen
las cervices desdichadas!   1520
Pero ¿a cuál tengo seguro?
¿Cuál, cuando quiere, no arranca
de mí? Y ¿cuándo de mi mano
no quiere que todos salgan?
Nunca, porque el necio que en mi poder para,   1525
no es que Dios le deja, sino que él se aparta.
Ahora, dudas, la primera
seña nos diga la causa
de esta venida; y en esta
apariencia, mi empeño haga   1530
que no le falte materia
a Catalina, en la falta
de Lupercio, para todas
sus vanidades profanas;
que Leonardo nuevas culpas   1535
—no creyendo ejecutada
la que ejecutó (¡ea, rencores!)—
a sus delitos añada;
que Porcia en su mala vida
(Música dentro.)   persevere; que Rosaura,   1540
celosa, pierda a Domingo;
que Filipo no se valga

	del discurso para más	
	que para emplearle en nada;	
	y en fin, para que el humano	1545
	género, cuando la instancia	
	de Quien le redimió vuelva	
	a ver, vea en mi amenaza	
(Música dentro.)	la de quien astuto le hizo	
	perder la primera gracia.	1550
	Pues no es mucho, si Él al mundo	
	viene, que yo al mundo salga,	
	para que a sus diligencias	
	se opongan mis asechanzas.	
	¡Toca al arma, infierno, démosle batalla,	1555
	ya que no a Él, al hombre, que es su semejanza!	

| Música (Dentro.) | A los años floridos de aquella | |
| | que reina en las almas. | |

Lupercio	Esta es Catalina, y éste	
	el festín que la ignorancia	1560
	previno a su aplauso. Quiero,	
	con la máscara en la cara,	
	que por Lupercio me tenga,	
	ya que el lazo me señala	
	que ella para conocerle	1565
	le dio. Novedad no haga	
	que con máscara el demonio	
	entre los mortales anda.	

| Música (Dentro.) | A los años floridos de aquella | |
| | que reina en las almas. | 1570 |

(Salen Catalina, Porcia, Fenisa y otra dama con mascarillas, y plumas Filipo, Leonardo y Golondrino; y a su tiempo se introducirá Lupercio con silos, danzando.)

Catalina	¡Que bien hice de que el lazo,
	Subir.
	Lupercio, te señalara,
	para conocerte!
Lupercio.	Yo
	Por afuera.
	no necesito de nada
	para conocerte a ti. 1575
	(Cruzado de a cuatro.)
	Aunque te tengo en al alma,
	recelé perderte.
Leonardo (Aparte.)	(¡O ciegos
	a un mismo tiempo se engañan
	mis ojos y mis oídos,
	o era Lupercio el que hablaba 1580
(Vueltas en cruz.)	con Catalina! Mas ¿cómo
	hechas y deshechas
	puede ser, si ahora le acaban
	atravesados
	de matar mis celos?)
Filipo	Poco
	conocerla me costara,
	viendo, Porcia, en ti el donaire 1585
	con que a todas aventajas.
	Eses encontradas.
Música	La juventud alegre se explica

	en juegos y danzas.	
Porcia	Yo solo en que me conozcas pongo el cuidado.	
Fenisa	(A Golondrino.) ¿No danzas?	1590
Golondrino	Estoy pensando en ser fraile.	
Catalina	(A Lupercio.) Bien mío, pues ¿no me hablas? Vueltas.	
Música	A los años hermosos, que alumbran con rayos de nácar.	

(Sale el mancebo con mascarilla blanca, y quita la mano de Catalina a Lupercio, y se aparta Lupercio del sarao.)

Lupercio (Aparte.)	Sí ... (pero ¡ay de mí! ¿Qué miro?)	1595
Catalina (Aparte.)	(¡Ay, Dios, qué mano tan blanda!)	
Lupercio (Aparte.)	(¿Qué es esto? Pero iré huyendo, pues considerar me pasma, que de la mano me quita la que ya en mi mano estaba.) ¡Seguidme todos!	1600

(Vase.)

Leonardo (Aparte.)	(Veré lo que confusión me causa.)

(Vase.)

Filipo	Ven, Porcia.

(Vase.)

Porcia	Tus pasos sigo.

(Vase.)

Fenisa	Sigamos el festín.
Golondrino	Vaya

(Vanse.)

Música   Haga fiestas alegres la ociosa   1605
                   juventud romana.

Suéltase de la mano Catalina.

Mancebo   No te vayas, Catalina.

Catalina   ¿Qué quieres tú, que me llamas
               con mi nombre, cuando pienso
               que voy muy bien disfrazada,   1610
               y cuando me esperan?

Mancebo   Yo
               te espero más.

Catalina   Tus palabras
               tienen en mí tal dominio
               que me obligan a escucharlas,
               aunque a mis aplausos falten.   1615

Mancebo	A ti nada te hará falta estando conmigo.
Catalina	¿Quién eres, que al modo no hablas de los otros hombres?

(Quítase [Catalina] la mascarilla.)

Mancebo	Yo soy el que soy.	
Catalina (Aparte.)	(¡Todo pasma a sus acentos!) Descubre, pues ya yo lo hice, la cara, que quiero ver si conviene tu belleza con la blanda conversación, que enamora, por los oídos, el alma.	1620 1625
Mancebo	Quien en el blanco rebozo no me conoce, cercana tiene la incrédula culpa de no conocerme en nada.	 1630
Catalina	No te entiendo.	
Mancebo	Entenderásme, Catalina, si en tu casa me oyes esta noche. Catalina A nadie está mi puerta cerrada.	

Mancebo	¿Darásme de cenar?

Catalina	Tanto	1635
	mis sentidos avasallas,	
	que de todas mis pasiones	
	amantes quedo olvidada,	
	con la esperanza de verte.	
	Mesa te tendré, y vianda	1640
	que en limpieza, y en sazón,	
	ninguna le hará ventaja.	

Mancebo	Pues ya la noche desciende:
	vete en paz.

Catalina	Saber me falta
	si mi casa sabes.

Mancebo	Sí,	1645
	que en mí no cabe ignorancia.	

Catalina	Voy a esperarte, y de ti
	me aparto con poca gana.

Mancebo	Deséame.

Catalina	Ya lo hago,	
	con parecerme que tardas	1650

(Vase.)

Mancebo	Reparad, humanos, cómo
	vuestro amante Dios os llama,
	aunque no le oís, sabiendo
	que esto con todos le pasa.

(Vase, y sale Fenisa con luces, que pondrá en un bufete.)

Fenisa	Ya es de noche, y no ha venido	1655
	mi ama. Mas ¿qué me altera?,	
	no siendo ésta la primera	
	vez que ella se haya perdido	
	más que tarde hasta mañana;	
	que ella bien sabe entenderse,	1660
	pues cuando finge perderse,	
	entonces es cuando gana.	
	Gracias a Dios que no hay	
	por esta noche importuno	
	huésped que servir: si alguno	1665
	ella consigo no trae,	
	supuesto que no ha avisado	
	Lupercio que ha de venir	
	(que lo suele prevenir	
	para no hallarse burlado).	1670

| Catalina (Dentro.) | ¡Fenisa! |

| Fenisa | Mas ya llegó. |

(Llégase [Fenisa] con luz a la puerta, y sale Catalina.)

| Catalina (Dentro.) | ¿No hay quien alumbre? |

| Fenisa | Señora, |
| | ya alumbro. |

Catalina (Saliendo.)	¡Saca volando
	de la reservada ropa	
	la más blanca y más delgada,	1675

	que no haya servido en otra, para que ponga esta mesa!	
Fenisa	¿Quién la ha de poner?	
Catalina	Yo propia.	
Fenisa	Voy.	
Catalina	Y avisa en la cocina que la cena se disponga más regalada que nunca.	1680
Fenisa (Aparte.)	(Huésped hay de ceremonia; ya yo me espantaba.)	
Catalina	¡Aprisa!	
Fenisa	¿No me dirás? ...	
Catalina	¡Vengo loca, Fenisa, de enamorada!	1685
Fenisa	¿De quién?	
Catalina	Abreviar importa.	
Fenisa (Aparte.)	(¿Quién será este convidado?)	
Catalina	¡Ay, hermosísima boca! ¡Ay dulcísimas palabras! ¡Fenisa!	

(Sale [Fenisa] con ropa de mesa.)

Fenisa	Aquí estoy, señora.	1690
Catalina	¡Lo que tardas!	

(Quita Fenisa las luces, y echa Catalina los manteles, haciendo dos cubiertos.)

Fenisa	¿Hay tal prisa?	
Catalina	A mi me parece poca. ¿Está todo prevenido?	
Fenisa	Pues ¿en casa llena ignoras que se hace presto la cena?	1695
Catalina	¡Qué largas, y qué penosas a quien con amor aguarda se deben de hacer las horas!, Pues a mí, siglo se me hacen los instantes.	
Fenisa	Son tan otras en ti las demostraciones, de las que han sido hasta ahora, que me tienes admirada.	1700
Catalina	No sé lo que te responda, pues solo sé que aguardando estoy un bien, que le ignora el alma y le siente a un tiempo, pues sin gozarle le goza. Mas ¡ay, que tarda! Galán mancebo, ¿qué más ansiosa	1705 1710

que te desee procuras,
si hecha deseo estoy toda?

(Sale el mancebo sin máscara.)

Mancebo   Ya estoy aquí. Catalina,
que mi piedad no malogra
el deseo a quien me llama.   1715

Catalina   ¡Que perfección tan hermosa!
Haz que a tus dudas, Fenisa,
tus propios ojos respondan.

Fenisa   Voló Lupercio.

Catalina   Este amor
no es como aquél, que aquí es toda
templanza la que allí fue   1720
torpeza; aquí atención sola,
la que allí desenvoltura,
luz aquí, lo que allí sombra.
Y finalmente, ésta es,   1725
según las señas me informan,
una pasión que no tiene
semejanza con las otras.

Mancebo   Sentémonos a la mesa.

Catalina   Para serviros la copa   1730
estaré en pie yo, señor,
porque no es merecedora
Catalina de sentarse
con vos.

| Mancebo | Si quién soy ignoras, |
| | ¿Cómo eso dices? |

| Catalina | No sé. | 1735 |

| Mancebo | Dame la mano. |

(Dale [Catalina] la mano y siéntase a la mesa, y el mancebo en una silla que esta fija a una devanadera, para que de vueltas, y en la parte contraria venga un niño de nazareno, con cruz, corona y dogal.)

| Catalina | ¡Qué gloria! |

Mancebo	Y aquí junto a mí te sienta,
	que mi amor te suple toda
	la calidad que te falta
	porque a mi lado te pongas.	1740

| Catalina (Aparte.) | Trae platos. (¡En mí no estoy |
| | de enamorada y absorta!) |

| Mancebo | Mucho te quiero. |

| Catalina | Yo os pago. |

| Mancebo | No me pagas tal. |

Catalina	Si toda
	el alma me vierais, vierais	1745
	en toda ella vuestra copia.
	Mancebo Ya la veo.

(Va trayendo platos Fenisa, y en todo lo que el mancebo pusiere los dedos, se procurara quede teñido con sangre.)

Catalina	¿Qué sangre es la que deja en lo que tocan vuestras manos? ¡Ay, bien mío!, ¿os habéis herido?
Mancebo	Nota 1750 que al cristiano doy mi sangre, porque con mi sangre coma.
Catalina	Pues ¿quién sois?, que ya turbada, señor, os oigo, y medrosa.
Mancebo	Quedando sola conmigo 1755 lo sabrás.
Catalina	¡Aprisa, toma de ahí esa mesa, Fenisa, conmigo!

(Entran la mesa ella y Fenisa y se levantan, no perdiendo Catalina el tablado, y se queda Fenisa dentro; y se oirá un toque de chirimías y da vuelta la devanadera, ocultándose el mancebo con la silla, y aparece el niño como va referido.)

Fenisa	¡Vamos, señora, que este convidado no es de los que hacen mucha costa! 1760

(Sale Catalina.)

Catalina	Ya estamos solos: decidme quién sois, señor.

Mancebo	En la forma
	que otra vez mi amor me puso
	podrás conocerme ahora.

| Catalina | ¿Qué es lo que veo? |

Niño	Mujer,	1765
	mira estas espinas, rojas
	por ti de mi sangre: mira
	este dogal que me ahoga;
	agobiados a esta cruz
	mis hombros. En afrentosa	1770
	imagen a tu Dios mira,
	lleno de humanas congojas
	por ti. Basten los delitos
	de tu vida escandalosa.
	mira que te busqué, fino,	1775
	con amantes ceremonias,
	y esta fineza no olvides.

Catalina	¡Ahora, dolor, ahora,
	ahora, llanto, es ocasión
	de imitar a la amorosa	1780
	Magdalena! Mis cabellos
	os sirvan, mi Dios, de alfombra:
	pisad sus rizos profanos,
	sellen vuestros pies mi boca;
	que me abraso, que me anego	1785
	en las abundantes copias
	de vuestro amor y mi llanto.
	¡Dios mío, misericordia!
	¡Pequé contra Vos, Señor!
	¡Fui desvanecida, loca,	1790
	profana, bárbara, ciega

	y olvidada de Vos toda!	
Niño	Cóbrate, y busca a Domingo.	
Catalina	Pues, Señor, ¿me dejáis sola?	
Niño	Si penitente me sigues,	1795
	me verás en otra forma.	

(Ocúltase.)

Catalina	¿Quién de Vos tan asistida	
	será risco, será roca	
	tan intratable, que al golpe	
	de vuestra voz, hecha bocas,	1800
	no os siga, no os busque? Yo,	
	Señor, en las tiernas ondas	
	de mis lágrimas, dejando	
	el mar de mis vanaglorias	
	en estos adornos viles,	1805
	en estas lascivas pompas,	
	de estos cautelosos lazos,	
	Va arrojando lazos, y otras	
	cosas de su adorno	
	y estas redes engañosas,	
	surcaré el mar, penitente,	
	de vuestras misericordias,	1810
	haciendo que a mis delicias	
	equivalgan mis congojas,	
	mi dolor a mis delitos,	
	y que humilde corresponda	
	a mi vanidad, mi llanto;	1815
	resultando en vuestra gloria	
	que sea en la penitencia,	
	por conversión milagrosa,	

Catalina la profana,
la Magdalena de Roma.   1820

Fin de la segunda jornada

Jornada tercera

Catalina (Dentro.)   La que ofendió profana,
altiva, necia, escandalosa y vana,
vuestra eterna clemencia,
fuerza os pide, Señor, para obligaros,
pues osadía tuvo de ofenderos.   1825
Sea mi penitencia
la senda de buscaros,
ya que mi culpa fue la de perderos.

(Sale Lupercio, escuchando y mirando hacia dentro.)

Lupercio   ¡Oh, pese a cuantas luces son centellas
añadidas al fuego de mi fuego!   1830
¡Pese a la antorcha, a cuyas lumbres ciego,
y pese a las estrellas,
cuyo cobarde brío
se ha dejado vencer del albedrío
de esta mujer que causa mi desvelo!   1835
¡Pese a mí, pese a ella, y pese al cielo!
Con perfiles de nácar matizando
el que antes pareció nevado bulto
de líquidos claveles, salpicando
los que llamó jazmines el insulto,   1840
o el profano apetito,
no deja a su delito
seña, o aviso vano,
que no borren las iras de su mano.
¿No bastaba el desprecio de la humana   1845
soberbia compostura?
¿No bastaba trocar la pompa vana
que añadía hermosura a su hermosura,
por basto adorno, por grosero traje?,

¿la túnica sutil, a tosco ultraje?;   1850
¿que martirice lo que regalaba?
Y ¿distribuir su hacienda no bastaba,
—porque a ella le falte, y a él le sobre—
en el mendigo, despreciado pobre?
¿No bastaba de la hambre la porfía?;   1855
¿la insufrible agonía
de la sed?; ¿el encanto
de su incesable llanto?;
¿ser el prolijo lecho,
—que fue mullida pluma dilatada—   1860
catre de esparto estrecho,
de quien es un cadáver almohada?
¿Todo esto no bastaba, sin que aumente
méritos, inclemente,
en su afligido cuerpo? Su violencia   1865
¿será desconfianza o penitencia?
Sí, que si asegurada
de que está perdonada
de su Amante estuviera,
—Aquél que volvió al mundo a que le viera,   1870
y que yo vi también, porque El lo quiso—
no fuera tan remiso
su temor; más osado
fuera su brío, a ser más confiado.
Cuerda es mi conjetura;   1875
pero iay de mí!, que no es, sino locura
de mi vano deseo,
cuando lo que es no sé y lo que hace veo.
Mas no se dé a partido
mi astuto engaño: y pues que recibido   1880
está en ella y en todos
que soy Lupercio, busque mi ardid modos,
pues nunca le faltaron,

ya que Leonardo y los que le ayudaron
de Lupercio a la muerte, sin concierto   1885
que a otro mataron tienen ya por cierto,
que de Domingo burlen la asistencia.
Halle esta penitencia
estorbo en mis finezas aparentes,
en mis quejas dolientes;   1890
vuelva a encenderse aquella tea fría,
que ha tan poco que ardía
por Lupercio. En mi engaño
Rosaura halle sus celos, y un extraño
camino a su venganza;   1895
dele a Leonardo nueva confianza
mi mudanza fingida;
prosiga Porcia en su obstinada vida;
no se canse Filipo de estar ciego:
y este insaciable fuego   1900
de mi rencor, con visos naturales,
crezca a ser confusión de los mortales.
Ya Catalina deja
el duro oficio de afligirse tanto;
y aunque no deja el llanto,   1905
si puede ser menor algo mi queja,
algo se satisface
de lo que hacía, con lo que no hace …

(Aparte.)   (A esta pieza los pasos encamina.
¡Ea, astucias!) Hermosa Catalina;   1910

(Sale Catalina en la forma que en la segunda Jornada, esto es, con túnica blanca, el rosario, y la calavera en la mano.)

Sol, en cuyos arreboles,
en cuyos floridos rayos,
hay luces de muchos mayos

y flores de muchos soles:
si de cuantos girasoles   1915
te acechaban el semblante,
ninguno quedó, y amante
a mí me ves permanente,
¿por qué tratas igualmente
al mudable y al constante?   1920
Tu no esperado rigor
no es, bien mío, contra ti;
solamente contra mí
es tu desvelo traidor.
Si es olvido ya tu amor,   1925
mi amor nunca será olvido;
y en que te busco ofendido,
bella enemiga, verás
que si arrepentida estás,
yo no estoy arrepentido.   1930
Y dado que a mi fineza
no correspondas, infiel,
oféndeme a mí cruel,
mas no ofendas tu belleza.
Mira que con la aspereza   1935
que te tratas, no segura
tu hermosura está: procura
templar la severidad.
No tengas de mí piedad,
y tenla de tu hermosura;   1940
Porque pierdes los despojos
de tu poderoso imperio,
deshaciendo el cautiverio
que fue triunfo de tus ojos.
También lloran sus enojos   1945
ellos, como mis querellas
yo: sus húmedas centellas

enjuga un poco del llanto,
porque no padezcan tanto
mis ansias, y tus estrellas.   1950
¿No me respondas?

Catalina   Lupercio,
fui vanidad; tierra soy.
Antes no me conocía,
y haciendo piadoso Dios
que me conozca, ventaja   1955
mi conocimiento halló;
porque ser tierra es ser algo,
y nada es ser presunción.
La que se llama hermosura
es una inconstante flor,   1960
que si amaneció copada,
encogida anocheció.
Y en fin, para no gastar
tiempo en la comparación
de lo que es la humana vida,   1965
pase, Lupercio, mi voz
a tus ojos; ves aquí
lo que los humanos son.
Señala la calavera.
Esta vivió, tuvo aliento;
alma tuvo y perfección   1970
mientras vivió. ¿Que sería?
Nada. Vio, gustó y olió,
oyó y palpó con sentidos;
y en una respiración,
a que se reducen todos,   1975
frío esqueleto quedó.
No me busque como era,
la ceguedad de tu amor:

búsqueme, si hallarme quiere
tu advertencia, como soy.   1980
Fui vanidad —ya lo dije—
y esto llora mi razón
soy tierra —ya me conozco—
y esto alienta mi temor.
Si quisiste lo que fui,   1985
ningún indicio quedó
en mi de mi semejanza,
por el divino favor;
si lo que soy ahora quieres,
con lasciva obstinación,   1990
toma este tronco, que en él
lo que soy ahora te doy.

(Pone la calavera sobre un bufete que habrá en el vestuario.)

Lupercio (Aparte.)   (¡Pese a mis iras, qué a tiempo
supo el sabio Agricultor
cortar para sí esta rosa   1995
que mi estudio cultivó!
Pero no apartó de mí
la mente; veamos, atención
si del pensamiento como
de la mano la dejó,   2000
y no desmayemos.) Bella
ingrata, no digo yo
que lo que haces tú —pues lo haces—
no sea siempre lo mejor;
que aunque sea contra mí   2005
hacer esta confesión,
te quiero tanto, que en todo
(Aparte.)   me agradas (miente mi voz).
Pero digo que quedando

	tiempo para que al rigor	2010
	entregues tu vida, debes,	
	en premio de mi pasión,	
	en paga de mi fineza,	
	y alivio de mi dolor,	
	esperar a que haga el tiempo	2015
	su oficio en tu perfección,	
	dejando brillar ahora	
	las luces con que ve el Sol.	
(Aparte.)	(Ya me mira: ¡ea, infernales	
	ministros, con falsa voz	2024
	auxiliad en sus oídos	
	mi cautelosa intención!)	
	¿A qué quieres que la aurora	
	salga del cielo al balcón,	
	si de tu serenidad	2025
	le ocultas el resplandor?	
	Cómo vivirán las flores	
(Aparte.)	(¡ea, astuta prevención!) ...	
Música (Dentro.)	Si en tus ojos no halla	
	la luz que copió,	
	y si de tus labios	2030
	les falta el color?	
Lupercio (Aparte.)	(Lisonjas escucha: aún tiene	
	veneno en el corazón.)	
Catalina	¿Quién canta (¡ay de mí!) en mi casa,	2035
	cuando yo llorando estoy?	
Lupercio	Rosaura, Fenisa y Porcia.	
Catalina	Pues ¿Rosaura?	

Lupercio	Ya dejó la necedad que seguía, y a ser amante volvió.

2040

Catalina	¿Rosaura?
Lupercio	¿Por qué lo extrañas?
Catalina	No lo extraño solo, no, pero no lo creo.
Lupercio (Aparte.)	(Ahora, engaños, es ocasión.)
Catalina	¿Cómo puede ser?
Lupercio	¿Creeráslo si la ves y la oyes?

2045

Catalina	No, que ni ella tendrá osadía de que le averigüe yo haber sido a Dios ingrata, llamada una vez de Dios, ni yo, aunque ella la publique, creeré su sinrazón.

2050

Lupercio	Pues a que lo creas viene.
Catalina	¿Que dices? ¡En mí no estoy!
Lupercio (Aparte.)	(Uno de vosotros, monstruos de la desesperación, en la forma de Rosaura ...)

2055

Sale Rosaura.

Rosaura (Aparte.)	(Ya te entendí, y aquí estoy.)	
	Catalina, ¿aún perseveras	
	en el temerario error	2060
	de maltratar tu hermosura,	
	de ofender tu discreción?	
	Mira que de ti se quejan	
	porque deja tu rigor,	
	en la mudanza tirana	2065
	que ultraja tu estimación ...	

Rosaura	(Con la Música.) Sin aurora el cielo,	
	sin matiz la flor,	
	sin fragancia el mayo,	
	sin rayos el Sol.	2070

Rosaura	(Con la Música.) Goza de la lozanía.	

Catalina	Eso a ti te dije yo,	
	cuando lo que ahora retratas	
	era, y tú, lo que ahora soy.	
	Mudóse, Rosaura, el tiempo,	2075
	y mudámonos las dos,	
	yo a la enmienda de mis culpas,	
	tú a la eterna perdición.	

(Llora.)

Rosaura	Tiempo hay para que lloremos.	
	Catalina ¡Ay!, que no se sabe, no	2080
	el que hay, y que es muy estrecha	
	la cuenta que toma Dios.	

Rosaura	Diciéndote yo eso a ti,	
	tu enfado me preguntó	
	dónde el sermón acababa,	2085
	y allí se acabó el sermón.	
Catalina	Pues ¿no te vi yo después	
	perseverar?	
Rosaura	Fue razón	
	política, no pasar	
	con movimiento veloz	2090
	de uno a otro estado. Y en fin,	
	aquello me pareció	
	bien entonces, y ahora esto	
	me ha parecido mejor.	
	Y no lo extrañes, que cuando	2095
	verdadera es la pasión	
	de amor, no se opone nada	
	a su imperio superior,	
	todo lo rinde su fuerza;	
	y pues a mi me rindió,	2100
	también te rendirá a ti,	
	porque es, en efecto, amor ...	
Rosaura	(Con la Música.) Doméstico áspid,	
	que en el corazón	
	se siente, sin ver	2105
	por adónde entró.	
	Rosaura (Sola.) Y una vez aposentado,	
	tiene tal jurisdicción,	
	que —huésped tirano— arroja	
	del lugar que le albergó	2110
	cuantas pasiones encuentra;	

	y tomando posesión	
	entera de toda el alma,	
	no se rinde su valor ...	
Rosaura	(Con la Música.) Ni a libre albedrío,	2115
	ni a cuerda razón	
	ni a leal deseo,	
	ni a ruego traidor.	
Rosaura (Sola.)	Si tú como yo a Leonardo	
	quise, quisieras ...	
Catalina	¡Ay, Dios!	2120
Rosaura	A Lupercio ...	
Lupercio (Aparte.)	(¡Bien persuade	
	su rebelde obstinación!)	
Rosaura	Ya como yo hubieras hecho	
	alarde de tu afición,	
	arrojando de ti cuanto	2125
	le disgusta; pues o no	
	fue nunca tu amor verdad,	
	o ahora es verdad tu amor.	
Lupercio, Rosaura y Música	Quiera la que quiso,	
	ame la que amó,	2130
	quien estimó, estime,	
	sienta quien sintió.	
Catalina	¡Callad, o yo cerraré	
	los oídos al traidor	

encanto de vuestras voces!   2135
Jesús mío, ¿qué rigor
es éste? Dadme constancia
contra tanta persuasión.

Lupercio (Aparte.)   (¡Ahora, infernal esfuerzo,
                      que flaquea su temor!)   2140

Lupercio, Rosaura
y Música   Quiera la que quiso,
                      ame la que amó,
                      quien estimó, estime,
                      sienta quien sintió.

Catalina   Ya siento, ya amo, ya quiero.   2145

Lupercio (Aparte.)   (¡Venciste, astucia!)

Catalina   ¡Qué horror!
                      Ya quiero, ya amo, ya estimo.

Lupercio (Aparte.)   (¡Venciste!)

Catalina   Pero es a Dios:
                      a Dios amo, a Dios estimo,
                      a Dios busco.

Lupercio (Aparte.)   (¡Qué traición!)   2150

Rosaura (Aparte.)   (¡Qué ira!)

Catalina   Y a Dios le consagro,
                      en rendida adoración,
                      la sangrienta batería

	con que vuestra aleve voz	
	a Dios procuró arrancar	2155
	de mi amante corazón.	
Rosaura	Eres necia.	
Lupercio	Eres ingrata.	
Rosaura	Y aun hipócrita.	
Catalina	¿Quién, yo?	
Rosaura	Si, tú.	
Lupercio (Aparte.)	(Por aquí la hiera	
	mi astucia, que esto sintió.)	2160
	Pues ¿no es hipocresía	
	hacer tanta exclamación	
	a dos ruegos, nobles hijos	
	de mi verdadero amor?	
	Hasta aquí desconfiado	2165
	me tuviste; mas ya estoy	
	gustoso, pues siendo en ti	
	no más que demostración	
	aparente la virtud,	
	—como hemos visto los dos—	2170
	mañana te cansarás	
	de lo que afectaste hoy.	
	Ven, Rosaura.	
Catalina	¡Ay de mí, triste!	
Lupercio (Aparte.)	(Quede con su confusión,	
	—podrá ser que desconfíe—	2175

mientras yo a dar modo voy
de que se crea que es falsa
su virtud, puesto que halló
colmo mi engaño. ¡Veremos
como la defiende Dios,   2180
como la ampara Domingo!)
Vamos, Rosaura.

(Vase.)

Rosaura   Ya voy,
                 cansada de ver que quiera
                 persuadirnos al error
                 de creer que es santidad   2185
                 su estudiosa afectación.

(Vase.)

Catalina   ¡Válgame Dios!, es posible
                 que yo añada el nuevo error
                 a mis errores, de ser
                 apariencia, y verdad no,   2190
                 mi arrepentimiento? ¿Puede
                 ser supuesto en mí el dolor
                 que siento de mis delitos?
                 No, que verdaderas son
                 mis lágrimas, y a mí, ¿cómo   2195
                 pudiera engañarme yo?
                 ¿Será corta penitencia
                 de mis culpas mi aflicción?
                 Sí, que para ofensa tanta
                 ninguna es satisfacción.   2200
                 Pues yo añadiré tormentos
                 a mi vida, y porque no

juzgue el mundo mis acciones,
negada a la luz del Sol,
cuatro paredes estrechas   2205
serán oscura mansión,
o sepulcro, de este vivo
cadáver; adonde Dios
solamente juzgar pueda
si es verdad o afectación   2210
mi sentimiento. Mas ¿cómo
le daré satisfacción
al mundo, de que llore
las culpas que el mundo vio?
¿Cómo acertaré, Dios mío,   2215
a buscaros?, que el temor
no me deja resolver.
Decídmelo, Virgen, Vos:
guiadme Vos, pura Estrella
de la mañana, pues sois   2220
Norte de los pecadores;
débale a vuestro favor
mi deseo de acertar,
amorosa explicación.

(Suenan chirimías, baja en una apariencia la niña que hace la Virgen, con
un niño de bulto en los brazos, e irá subiendo Catalina, de rodillas en [la]
elevación, hasta igualarse las apariencias.)

Música   Alienta, confía,   2225
                que ya tu oración
                la Aurora divina
                piadosa escuchó.

Niña   Venturosa Catalina,
                por premiar la devoción   2230

con que mi rosario rezas,
te vengo a consolar yo.

Catalina   Oh, Virgen llena de gracia,
¿fineza tan superior
os debe un alma tan fea?   2235

Niña   Tu llanto la hermoseó.
No desconfíes, que estás
en gracia de tu Señor.
(Tómale Catalina.)   Toma a mi precioso Hijo
en tus brazos, ...

Catalina   ¡Qué favor   2240
tan como vuestro!

Niña   En la forma
que el pobre portal le vio,
pues de su amor obligado,
le viste ya en otras dos.

Catalina   ¡Ay, Señora, que no cabe   2245
mi gozo en mi corazón!
Dulce Jesús de mi vida,
manso Cordero de Dios,
que de la culpa primera
lavaste el feo borrón,   2250
lleguen mis indignos labios
a tus pies.

Niña   A imitación
de Magdalena, le busque
en el Sepulcro tu amor,
y dámele ahora.

(Dásele Catalina.)

Catalina   ¡El alma,   2255
                  Señora, en dárosle, os doy!

Niña   Espera otro favor suyo,
                  y prevente al superior,
                  de gozarle para siempre;
                  que ya el último escalón   2260
                  de la vida vas pisando.
                  No le huelles con temor,
                  y mira el lugar allí
                  que te aguarda.

(Descubre la apariencia con movimiento un giro, y algunos muchachos con
palmas y coronas, y lugar desocupado.)

Catalina   ¡Feliz yo,
                  si llego a él!   2265

Niña   Llegarás,
                  guiada de la atención,
                  en tu vida, de Domingo,
                  mi vigilante pastor,
                  y en la hora de tu muerte,
                  de mi tierna protección.   2270
                  Busca a mi Hijo en el Sepulcro.

Música   Alienta, confía,
                  que ya tu oración
                  la Aurora divina
                  piadosa escuchó.   2275

(Ocúltase la tramoya.)

Catalina

Sin luz mi vista quedó ...
mas ¿qué mucho, si le falta
el eterno resplandor
de todo el cielo? Mas ¿cómo
tardo en lo que me ordenó   2280
la soberana María,
piadosa Madre del Sol?
Busque a Cristo en el Sepulcro:
sea mi meditación
aquel trance de amargura   2285
que Magdalena pasó,
no hallando el amado cuerpo;
y para que a imitación
mía le busquen también
los que le olvidan, la voz   2290
que suave tantas veces
injustamente sirvió
a mi culpa, esta vez sirva
a mi justa pretensión.

(Vase, y salen Soleta y Golondrino de donado.)

Soleta

Diga, hermano Golondrino ...   2295

Golondrino

Pregunte, hermano Soleta.

Soleta

¿Vino ya nuestra estafeta?

Golondrino

Hasta ahora, hermano, no vino.

Soleta

¿Tan olvidados están
los que socorren? ¡me espanto!   2300

Golondrino	Tanto, hermano ...
Soleta	¡Jesús!
Golondrino	Tanto ...
Soleta	¿Qué?
Golondrino	Que ni vino ni pan ...
Soleta	¡Pues hambre hace!

Golondrino

No se espante,
que yo en la mía he notado,
que es el hambre de donado   2305
Enséñale la bota vacía y la talega sin nada.
más que la del estudiante.
Desde que por la salud
del alma el mundo dejé,
harto del mundo pasé
a la hambre de la virtud.   2310
Aunque como que es espanto,
no me harto nunca en rigor,
que tiene mucho calor
el estómago de un santo.
Con un menudo potente   2315
de vaca y dos de lechón,
no tiene mi devoción
harto para untarse un diente.
La vez que me desayuno
con diez libras de abadejo   2320
y pizca de ajo no dejo,
me parece a mí que ayuno.

Soleta	Mire qué hará a mí, si eso
	a él le pasa, en nuestro oficio
	santo, el hermano novicio, 2325
	y yo, santazo profeso.
	Mas veamos si en Fenisa,
	ya que a su casa llegamos,
	algún socorrillo hallamos.
Golondrino	Hermano, es cosa de risa: 2330
	tomará ella para sí,
	desde que su ama dio
	la hacienda a pobres, y no
	para él ni para mí.
Soleta	Bien pienso que dice, a fe: 2335
	y así, las mangas miremos,
	y podrá ser que encontremos
	algo. Siéntese.

(Siéntanse.)

Golondrino	Sí haré.
Soleta	Antes de meter la mano,
	oremos con devoción. 2340
Golondrino	¿De qué ha de ser la oración?
Soleta	De pastelón.
Golondrino	Vaya, hermano.

(Pónense de rodillas, y sale Lupercio.)

Lupercio	A ver vuelvo aquí el efecto	
	de mi astucia, persuadidos	
	Porcia, Filipo y Leonardo,	2345
	a que es bastardo artificio	
	la virtud de Catalina,	
	a fin —ya que no he podido	
	a ella vencerla, asistida	
	de los favores divinos—	2350
	de que ellos en ella no hallen,	
	con el ejemplo, camino	
	de salir de mi poder,	
	y de que a Rosaura el vivo	
	volcán de los celos vuelva	2355
	a traerla a mi dominio.	
(Repara.)	Pero ¿qué es esto? Mas ya	
	lo alcanzo, y dar el castigo	
	a su necia petición	
	de esta suerte determino.	2360

Soleta	Tiente la manga.

Golondrino	Ya tiento ...

(Pone Lupercio un pastel fingido entre los dos, y tendrá dentro lumbre para que a su tiempo, echándole Lupercio un puñado de pólvora, se encienda; una bota y otras cosas, que al tomarlas los donados suban en unos alambres arriba; y vase.)

                    pero hasta ahora no ha venido.

Soleta	Estaránle calentando.

Golondrino	Apriete él otro poquito y tiente el horno, Soleta.	
Soleta	Ya le tiento, y está frío.	2365
Golondrino	Pues canséme.	
Soleta	Yo también.	

Siéntanse, y reparan.

Golondrino	Mas ¿qué veo?	
Soleta	Mas ¿qué miro?	
Golondrino	Hola, ¿cuánto va que somos santos los dos sin sentirlo? Milagro de pastelón hasta ahora no se ha visto.	2370
Soleta	Item, cestica con fruta.	
Golondrino	Item, queso y panecillos en otra cestica.	
Soleta	Item, más de una arroba de vino.	2375

(Sale Fenisa, y siéntase entre ellos.)

Fenisa	A famosa ocasión llego, que siempre gana he tenido de ver cómo sabe un bocado entre dos amigos.	2380

116

Golondrino	Hija, mejor que entre tres. Mas no venga Fray Domingo y nos acede los postres.
Soleta	Peor será los principios.
Fenisa	Pues comamos, illas ¿de dónde todo este regalo vino?
Golondrino	Con el sudor de dos santos te untarás hoy los hocicos.

(Al meter la mano [Golondrino], suben la cestilla.)

Soleta	Saque pan.
Golondrino	¡Voló la cesta!
Fenisa	¿Qué es esto?
Soleta	No lo adivino.
Golondrino	¿Hay convidados arriba?
Fenisa	Veamos la fruta. Húndese (la fruta). Golondrino ¡Se ha hundido!
Soleta	¿Quién tiene mesa allá abajo?
Fenisa	Pues si todo hace lo mismo, bueno quedará mi antojo.

2385

2390

2395

Golondrino	Aún bien, que nos queda vino y pastelón.
Soleta	Venga un trago: veremos si es blanco o tinto.
Golondrino	Mire si es tinto o si es blanco.

(Suben la bota arriba.)

Soleta	¡Yo, hermano, estoy tamañito!	2400
Fenisa	Y yo me vuelvo allá dentro.	
Golondrino	Aguarda, que aún no has sabido, Fenisa, como sabe un bocado entre dos amigos.	
Fenisa	Ni lo quiero saber ya.	2405
Golondrino	Espérate otro poquito, que aún hay pastel para todos; pollos, espárragos —¡lindo!— criadillas y ternera, alcachofas, palominos ... ¡Ea, hijos, que se está quedo: a él, meta aquí los cinco cada uno!	2410
Soleta	Vaya.	
Fenisa	Vaya.	

(Sale Lupercio, echa pólvora, y se hunde el pastelón.)

Soleta	¡Jesucristo!
Golondrino	¡Jesucristo!
Fenisa	¡Que me abraso!
Los dos	¡Que me quemo! 2415 ¡Muy linda oración hicimos!
Fenisa	Yo escapo.
Golondrino	Aquí anda el tiñoso.
Soleta	Yo me apeldo.
Golondrino	Yo las lío

(Vanse.)

Lupercio	En éstos cebé mis iras,
	por vengarme de Domingo; 2420
	que aunque es corto desempeño
	para los rencores míos
	este ultraje, el can rabioso
	—ya que no al dueño— del tiro
	muerde la piedra, pensando 2425
	que trae la mano consigo ...
	pero ya llega Rosaura,
	que no es con quien menos lidio,
	siendo contra quien prevengo
	hoy todo el desvelo mío; 2430
	¡qué otra es de la que no ha mucho
	que formó aquí mi artificio!

(Sale Rosaura con hábito honesto.)

Rosaura   Puesto que está aquí Lupercio,
a no entrar me determino.

Lupercio   ¿Por qué, señora Rosaura,   2435
tan desdeñosa conmigo?
¿Estudiáis en Catalina
los desprecios vengativos?
Si solo el medio que tienen
de aliviarse mis martirios   2440
me niegan vuestros rigores,
¿donde buscaré mi alivio?

Rosaura   ¿Que decís?, que no os entiendo.

Lupercio   Solo de vos no entendido
pudiera ser mi dolor,   2445
cuando público le ha visto
en toda Roma quien tiene
libertad en los sentidos.
No os hagáis desentendida
de mi mal.

Rosaura   Si en vos colijo   2450
que es el dolor olvidaros
Catalina por su fino
amante Jesús —notando
que no ocasiona el divino
amor la pensión humana   2455
de los celos mal nacidos—
vuestra queja de su amor
injusta me ha parecido.

Lupercio (Aparte.) (¡Ea, cautelas!) No solo
no me ofendiera su olvido,   2460
siendo por el que decís,
pero a ser posible, afirmo
que su elección celebrara;
porque de lo que me aflijo
—y aun vos, si lo ignoráis, vos   2465
también habéis de afligiros—
es de que para los dos
fuese el mañoso artificio
de la exterior penitencia,
ocupando en regocijos   2470
con Leonardo —vuestro amante
infiel y mi falso amigo—
los favores que me niega.
De cuyo desaire herido,
discurriendo en qué venganzas   2475
airadas dejan al brío,
en una mujer, ajados
los impulsos vengativos,
a vos apelé, de todos
mis ultrajes padecidos.   2480
Leonardo aleve —a quien
no mato, porque muera al filo
de más sensible venganza—
viéndome de vos querido,
faltando a los dos a un tiempo,   2485
a los dos nos ha ofendido.
Catalina, que amorosa
le corresponde, ha fingido
demostrativa virtud
con vos a un tiempo, y conmigo,   2490
por gozar sin embarazos

sus recatados cariños.
¡Ea, pues, Rosaura hermosa,
mueran al veneno mismo
con que nos matan! Y porque   2495
no penséis que nada finjo,
ni que de vuestra fineza
sin razón al logro aspiro,
antes que me respondáis,
—pues a tiempo habéis venido   2500
de que puedan informaros
los ojos y los oídos—
vedlo y oídlo vos propia

(Aparte.)   (que ya uno de mis ministros
la forma de Catalina   2505
tomó). Aquél es Filipo,

(Córrese el bastidor del foro y aparécese en un estrado Catalina de gala.
Junto a ella Leonardo, y Porcia Junto a Filipo, y Fenisa en pie.)

y Porcia aquélla; Leonardo
es el que, amante rendido,
con Catalina está, y ella
la que da a su amor motivo.   2510
Ved vos si hay más desempeño
a vuestro dolor y al mío,
que querernos, en venganza
de agravio tan conocido.
Rosaura ¿Es posible lo que veo?   2515

Lupercio (Aparte.)   (¡Ea, poderoso hechizo
de los celos!)

Rosaura   ¿Catalina
al peligroso principio

	volvió de su vida, y es	
	Leonardo su amante indigno?	2520
	¿Qué ira es ésta que me abrasa?	

Catalina	De aquel tiempo que he perdido,	
	Leonardo, en amarte, está	
	mi nuevo afecto corrido,	
	y del que gasté también	2525
	en maltratar con martirios	
	mi belleza, arrepentida	
	vuelvo a los aplausos míos.	

Leonardo	¡Dichoso yo, que te debo	
	favores tan excesivos!	2530

Filipo	Yo nunca te debo más,	
	porque siempre te he debido,	
	Porcia, una misma fineza.	

Porcia	Es muy firme el amor mío.	

Fenisa	¿Quién creyera que en mi ama	2535
	era lo que vio, fingido?	

Lupercio	(A Rosaura.) ¿Qué dices?	
	Rosaura ¡Que estoy sin mí!	

Lupercio (Aparte.)	(No va mal este principio.)	

Catalina	Vivamos, Porcia.	

Porcia	Vivamos.	

Leonardo	(A Catalina.) Que quedara el cielo mismo	2540

a oscuras sin vuestras luces.

Filipo (A Porcia.) Los rayos del Sol sin viso,
si les faltan vuestros rayos.

Catalina ¿Y Rosaura?

Leonardo Ya la olvido.
Mas ¿Lupercio?

Catalina Le aborrezco.   2545

Lupercio (A Rosaura.) Oye tu agravio, y el mío.

Rosaura Muriendo estoy; pero ¿como
no hago que mi enojo altivo ...?

Lupercio La venganza mas discreta
es hacer lo que te digo.   2550

Rosaura Lo que a Leonardo quería
hasta ahora no lo he sabido,
que es el ruido de los celos
despertador del cariño.
Catalina Di a los músicos que toquen,   2555
porque de lo que he tenido
ocioso el acento quiero
vengarme.

Fenisa Eso sí, que es lindo.

Catalina Ayúdame, Porcia.

Porcia ¿Cuándo

	yo tus acciones no imito?	2560
Lupercio (Aparte.)	(Cuando es verdad lo que ahora es de mi ardid artificio.)	
Catalina	¿Va a mi mudanza de vida?	
Todos	Vaya.	
Lupercio	(A Rosaura.) Aplica ahora el oído.	
Catalina (Canta.)	Viven los alegres, y mueren los tristes, porque se vive solo lo que se vive.	2565
Música	Lo que se vive. Cantan, y representan el estribillo	
Todos, y Música	Y es desvarío tratarse como muertos los que están vivos.	
Catalina (Canta.)	Entréguense al olvido las penitencias, que hace su compañía las lindas, feas.	2575
Música	Las lindas, feas.	
Todos, y Música	Y el amor viva, con la firme mudanza de Catalina.	2580

(Al paño Fray Domingo.)

Domingo   ¿Qué es esto?

Lupercio (Aparte.)   (Pero ¡ay de mí!
                     —aunque ¿de qué desconfío?)

Domingo   Aquí el cielo me ha guiado.

Lupercio (Aparte.)   (Porque si no le dio aviso
                     Dios de mi engaño, también   2585
                     le aprovecharé en Domingo.
                     Pero pues verle no pueden
                     ni mis odios ni mis bríos,
                     deje su presencia, y deje
                     a Rosaura en el abismo   2590
                     de sus celos, donde no
                     le harán falta mis avisos.
                     Y este Argos de Catalina
                     —si acaso a este tiempo vino—
                     vea su mentida forma,   2595
                     y quede o no persuadido;
                     que en haciendo lo que pude,
                     cumple mi engaño conmigo.)

(Vase.)

Rosaura   ¡Hipócrita Catalina,
                     traidor Leonardo, enemigos   2600
                     cuanto de dos falsedades
                     en dos culpas habéis sido!
                     yo intento ...

(Sale Domingo.)

126

Domingo	¡Rosaura, espera!	
	No logre tu precipicio	
	quien para tu perdición	2605
	este engaño ha prevenido.	

Rosaura (Aparte.)	(¡A su voz pasmó mi aliento!...	
	Mas ¿qué Lupercio se hizo?)	

Domingo	(A Catalina.) Y tú, infernal apariencia,	
	que con semblante mentido	2610
	semejas a la que ahora	
	está meditando a Cristo	
	en el Sepulcro, la forma	
	desvanece que has fingido	
	que yo en el nombre de Dios ...	2615

Catalina	¡Ay de mí!

Domingo	Para que el limpio	
	cristal no empañes, mañoso,	
	de Catalina, te oprimo	
	a que desde ahí desciendas	
	a los oscuros abismos.	2620

(Truenos, y cubre un bastidor de llamas a Catalina, y salen todos al teatro.)

Catalina	Ya te obedezco.

Filipo	¡Qué asombro!

Porcia	¡Qué portento!

Leonardo	¡Qué prodigio!

Fenisa	¡Mal año el olor que deja a rábanos digeridos!
Rosaura	¡Sin mí estoy! De rodillas (todos).
Filipo	¡Padre!
Porcia	¡Señor! 2625
Rosaura	¡Varón santo!
Fenisa	¡Padre mío!
Leonardo	¡Ministro de Dios piadoso! Levántalos (Domingo).
Domingo	Venid a mis brazos, hijos, y démosle a Dios las gracias de habernos desvanecido 2630 un engaño tan aleve, en que el común enemigo mostró el mayor esfuerzo para vuestro precipicio. Catalina busca a Dios, 2635 sirve a Dios, con tanto olvido de las locuras del mundo que yo de verla me admiro tan otra de la que fue, entre abrojos y cilicios. 2640 ¡Oh, quién imitar supiera su dolor arrepentido! Ilusión fue la que visteis

del demonio, y porque fijos
estéis en que fue ilusión,   2645
—si no estáis aún persuadidos—
ésta es Catalina: ved
si es ésta la que habéis visto.

(Sale Catalina de penitente.)

| Filipo | Porcia ... |

| Porcia | Filipo ... |

| Fenisa | Leonardo ... |

| Leonardo | Fenisa ... |

Catalina   ¡Oh, Señor divino,   2650
               qué de favores hacéis
               a este barro quebradizo!
               Padre amado, amiga Porcia,
               Rosaura ...

Fenisa   Y ¿no habla conmigo?
               Catalina Fenisa, y Leonardo; ya   2655
               el cielo me ha dado aviso
               de lo que ha pasado aquí,
(A Rosaura.)   y de lo que a mí contigo
               —digo con tu falsa forma—
               me pasó. Y otro benigno   2660
               aviso de Dios espero,
               aunque de qué no imagino.
               Y puesto que os hallo a vos,
               varón santo, en el oficio
               que usáis siempre, de asistir   2665

piadoso a los afligidos,
—en cuyo agradecimiento
(Arrodíllase.)   a vuestras plantas me humillo—
y a vosotros, ya avisados
de Dios en este prodigio   2670
que visteis, de cuanto cuida
su amor de los desvalidos,
por el infinito amor
de Dios, por aquel divino
cuidado con que nos busca   2675
y por los piadosos, finos
términos con que dilata
la razón de su castigo,
os pido, os suplico, os ruego,
(A ellos de rodillas.) con lágrimas, con suspiros,   2680
con afectos, con ternezas,
—que en mi alma son martirios
de haber ofendido a Dios—
que libertéis los sentidos
del tirano cautiverio   2685
de nuestro astuto enemigo.
Dadle a Dios suave néctar
de corazones contritos
una vez de tantas como
hiel y vinagre le dimos.   2690

Porcia   ¡El llanto me ciega!

Rosaura   ¡En llanto
destilan los ojos míos
el corazón!

Filipo   ¿Qué peñasco
no deja aquí de ser risco?

Leonardo	¿Qué bronce no es aquí cera?	2695
Fenisa	¿Quién no llora aquí hilo a hilo?	
Domingo	¡Oh, cómo Dios se regala con ojos humedecidos, si los enternece el llanto del pecado cometido!	2700
Filipo	Catalina ...	
Leonardo	Catalina ...	
Fenisa	Señora ...	
Rosaura y Porcia	Amiga ...	
Catalina	A Domingo seguid, que él os guiará al verdadero camino. Todos Imán es de nuestros yerros.	2705
Domingo	Venid conmigo, hijos míos.	
Catalina	Padre amado ...	
Domingo	¿Qué, hija mía?	
Catalina	Sabed que ya se ha cumplido el término de mi vida.	
Domingo	Fuera el dolor preciso, a no saber la pureza	2710

	de tu alma. Venid, hijos, que aquí volveremos luego a ver el mayor prodigio.	
Porcia	Filipo ...	
Filipo	Nada me digas.	2715
Porcia	Yo iba a decirte lo mismo.	
Leonardo	Rosaura ...	
Rosaura	Ya llegó el tiempo del desengaño preciso.	
Fenisa	¡Ay, señores, quién pudiera meterse ahora frailecito!	2720

(Vanse.)

Catalina	¡Qué fatigada me siento! Pero no es, Señor divino, de la dolencia, aunque tanto se agravan los males míos: el peso de mis pecados es el que rinde los bríos al desmoronado polvo de este caduco edificio. ¡Qué consolada muriera, si como ya reducidos a no ofenderos, Señor, veo a Porcia y a Filipo, a Leonardo y a Rosaura, alumbrados de Vos mismo,	2725 2730

	viera a Lupercio olvidado	2735
	de los pertinaces vicios	
	en que persevera! Pero	
	este dolor sacrifico	
	a vuestro amor.	

Lupercio (Dentro.)	¡Catalina!	

Catalina	A mal tiempo. Señor mío,	2740
	permitís que yo le vea,	
	pues confesando lo mismo	
	que Vos sabéis, verle siempre	
	fue mi mayor precipicio.	

Lupercio (Dentro.)	¡Catalina!	

Catalina	Mas ¿por qué	2745
	temo, estando Vos conmigo?	
(A Lupercio.)	¿Qué me quieres?	

(Sale Lupercio de difunto.)

Lupercio	Advertirte
	de un engaño.

Catalina	Mas ¿qué miro?

Lupercio	Ten valor.

Catalina	De Dios está	2750
	mi corazón asistido.	

Lupercio	Pues sabe que el que en mi forma
	te persuade a los delirios

a que yo te persuadía,
Catalina, estando vivo,
es el Demonio, y que yo   2755
a las manos del impío
Leonardo perdí la vida;
y que este piadoso aviso
que de su parte te traigo
es el que Dios te previno.   2760
Dame la mano, si tienes
aliento.

(Dale la mano [Catalina].)

Catalina   En no resistirlo
                veo que es gusto de Dios ...
                pero iay, Señor infinito,
                que me abraso!

Lupercio   Este insufrible   2765
                fuego es en el que vivo.
                Sácame de él, que de ti
                espero este beneficio
                para pasar de las penas
                a los descansos divinos.   2770

(Suéltasela.)

Catalina   Pues ¿qué quieres?

Lupercio   Que me apliques
                el amoroso martirio
                a mí, con que en el Sepulcro
                estás contemplando a Cristo.

Catalina	Yo te ofrezco hacerlo.

Lupercio	A Dios	2775
	verás presto agradecido	

(Vase.)

Catalina	Oh, María Magdalena,	
	¡quién tuviera ahora aquel fino	
	dolor que tuviste cuando	
	no hallaste a Jesús divino	2780
	en la Sepultura! Dame	
	parte de él, porque hechos ríos	
	mis ojos, puedan templar	
	aquel fuego a quien aplico	
	esta angustia. ¿Dónde estáis,	2785
	dulcísimo Jesús mío?	
	En el Sepulcro os pusieron	
	nuestros osados delitos,	
	y no os ven en el los ojos.	
	¿Qué se hizo, qué se hizo	2790
	mi amado Jesús? ¿Adónde	
	le verán los ojos míos?	

(Chirimías, y apareciérase en la apariencia el Niño en figura de Cristo resucitado.)

Niño	Aquí, Catalina, aquí,	
	que viendo que con los mismos	
	pasos que dio Magdalena	2795
	me buscas, el favor mismo	
	que a ella le hice te hago,	
	y tu tierno llanto aplico	
	al descanso de Lupercio.	

Catalina	Seas, Señor infinito,	2800
	alabado.	
Niño	Ven a mí,	
	que el término se ha cumplido.	

(Desaparece.)

Catalina	Ahora, Aurora de Dios,	
	ahora, Madre del limpio	
	Sol de las misericordias,	2805
	es tiempo del prometido	
	favor ... ya la voz se turba,	
(Siéntase.)	ya flaquean los sentidos,	
	ya se entorpece la planta,	
	y un helado sudor frío	2810
	me trae la ultima congoja.	

(Sale Domingo, y Todos.)

Domingo	Llegad todos, hijos míos.	
Lupercio	Y yo, porque Dios lo ordena,	
	llegue también al indigno	
	acto que espero. ¡Ay de mí,	2815
	y del infierno!	
Catalina	Domingo,	
	piadoso padre, Rosaura,	
	Porcia, Leonardo, Filipo ...	
Golondrino	¿Por qué dicen que se muere,	
	si habla como un pajarito?	2820

Soleta	Después de enterradas hay mujeres que hablar se han visto.
Fenisa	No es éste tiempo de burlas.
Domingo	Conociendo el regocijo que has de tener, Catalina, 2825 te doy el deseado aviso de que al matrimonio santo conformes, y reducidos, vienen ya Rosaura y Porcia, con Leonardo y con Filipo 2830
Catalina	¡Gracias a Dios! Pero antes de mi último suspiro vea yo que os dais las manos.
Filipo	Así la verdad confirmo de la enmienda de mi vida. 2835
Porcia	Yo así mi enmienda explico.
Rosaura	Yo así digo mi mudanza.
Leonardo	Yo así la mía acredito.
Golondrino	(A Fenisa.) Si no fuera ahora donado, me casara yo contigo. 2840
Fenisa	He votado castidad.
Catalina	Y tú, Lupercio fingido, ¿qué buscas aquí? ¿No sabes

que quién eres he sabido?
Lupercio en el cielo goza   2845
los favores infinitos
de Dios. Así lo sabed,
y que éste es nuestro enemigo
común con la falsa forma
de Lupercio.

Lupercio   Y que corrido   2850
                    de vuestra victoria, así
                    aquella verdad confirmo.
                    Húndese, y truenos.

Golondrino   ¡Padre mío!

Soleta   ¡Madre mía!

Domingo   No temáis de nada, hijos,
                    estando con Dios.

Catalina   Señor,   2855
                    ya sin aliento respiro.

Porcia   ¡Qué dolor!

Rosaura   ¡Qué sentimiento!

Filipo   ¡Qué pena!

(Chirimías.)

Domingo   ¡Qué regocijo
                    habéis de decir! Ya se abren
                    los alcázares divinos   2860

(De rodillas.)	para recibir su alma. Ruega al Señor infinito por nosotros.	
Catalina	Catalina Virgen pura ...	
Niña	Ya te asisto, para que sin riesgo llegues adonde te espera mi Hijo.	2865

(En la apariencia más vistosa que pudiere ser para el tránsito bajará la Niña, y a su tiempo subirá el alma.)

Música	Te Deum laudamus.	
Domingo	¡Qué gloria!	
Filipo	¡Qué soberano prodigio!	
Música	Te Dóminum confitémur. Rosaura ¡Qué resplandor tan divino!	2870
Música	Te Deum laudamus.	
Leonardo	¡Qué dicha!	
Música	Te Deum laudamus, Te Dóminum confitémur,	
Todos	Pide, alma pura, por cuantos quedan en este afligido valle. Y nosotros roguemos que tenga, si ha merecido	2875

agradar, dichoso fin,
con el logro de serviros,
La Magdalena de Roma,   2880
por premio de quien la ha escrito.

Fin

Libros a la carta

A la carta es un servicio especializado para
empresas,
librerías,
bibliotecas,
editoriales
y centros de enseñanza;
y permite confeccionar libros que, por su formato y concepción, sirven a los propósitos más específicos de estas instituciones.

Las empresas nos encargan ediciones personalizadas para marketing editorial o para regalos institucionales. Y los interesados solicitan, a título personal, ediciones antiguas, o no disponibles en el mercado; y las acompañan con notas y comentarios críticos.

Las ediciones tienen como apoyo un libro de estilo con todo tipo de referencias sobre los criterios de tratamiento tipográfico aplicados a nuestros libros que puede ser consultado en Linkgua-ediciones.com .

Linkgua edita por encargo diferentes versiones de una misma obra con distintos tratamientos ortotipográficos (actualizaciones de carácter divulgativo de un clásico, o versiones estrictamente fieles a la edición original de referencia).

Este servicio de ediciones a la carta le permitirá, si usted se dedica a la enseñanza, tener una forma de hacer pública su interpretación de un texto y, sobre una versión digitalizada «base», usted podrá introducir interpretaciones del texto fuente. Es un tópico que los profesores denuncien en clase los desmanes de una edición, o vayan comentando errores de interpretación de un texto y esta es una solución útil a esa necesidad del mundo académico.

Asimismo publicamos de manera sistemática, en un mismo catálogo, tesis doctorales y actas de congresos académicos, que son distribuidas a través de nuestra Web.

El servicio de «libros a la carta» funciona de dos formas.

1. Tenemos un fondo de libros digitalizados que usted puede personalizar en tiradas de al menos cinco ejemplares. Estas personalizaciones pueden ser de todo tipo: añadir notas de clase para uso de un grupo de estudiantes,

introducir logos corporativos para uso con fines de marketing empresarial, etc. etc.

2. Buscamos libros descatalogados de otras editoriales y los reeditamos en tiradas cortas a petición de un cliente.

www.ingramcontent.com/pod-product-compliance
Lightning Source LLC
Chambersburg PA
CBHW051729040426
42447CB00008B/1052